Ein Winter auf Mallorca

**Classic Collection
Carolina**

Die Schriftstellerin *George Sand* und ihr Geliebter, der geniale Komponist *Frédéric Chopin*, zählen zu den ersten, die Mallorca als Touristen der Neuzeit auf der Suche nach Ruhe und Sonne besuchten. Während ihres Aufenthaltes im Winter 1838/39 hielten sie sich in Palma, Establiments und zuletzt in Valldemossa auf. Während dieser Monate erlebten sie eine Reihe von Abenteuern, die George Sand in der ihr eigenen tiefgründigen, oft ironischen Art beschreibt. Aber Sie und ihre Gefährten lernten auch die Schönheit der Insel zu schätzen und lassen uns daran teilhaben.

George Sand (Aurore Dupin, Baronin Dudevant, 1804-1876) war in ihrer Generation eine der ersten Frauen, die sich mit Energie und Verve zu einem unabhängigen Leben aufmachten. Sie war Zeitgenossin und Freundin vieler Berühmtheiten ihrer Zeit. Als kritische Romanschriftstellerin machte sie sich einen Namen und wirkte vorbildhaft für andere.

Frédéric Chopin (1810-1849) gilt als der Begründer eines virtuosen Klavierspiels, das ganz dem poetischen Ausdruck gewidmet ist, und zählte zu den berühmtesten Pianisten seiner Zeit. Als Komponist hat er unsterbliche Werke hinterlassen. Einige seiner schönsten Kompositionen, wie die *Kleine Polonaise C-moll* (op.40.2.), die *Ballade F-dur* (*Mallorquinische Ballade*, op. 38) oder die *Regentropfen-Prelude* (op.15) und die *Militär-Polonaise* (op. 40.1.), sind in Valldemossa entstanden.

George Sand

Ein Winter auf Mallorca

Nach der Originalausgabe
aus dem Französischen
neu übersetzt und bearbeitet von
Caroline Tietze

Classic Collection
Carolina

Deutsche Originalausgabe
nach der französischen Erstausgabe
Un Hiver à Majorque (Paris 1842)
bearbeitet und neu übersetzt.

In gleicher Ausstattung sind auch die Ausgaben
A Winter in Mallorca
-englisch-
ISBN 84-89983-52-6
Un Invierno en Mallorca
-spanisch-
ISBN 84-89983-51-8
Un Hiver à Majorque
-französisch-
ISBN 84-89983-53-4
erschienen.

Gestaltung: P&C Design, Pollença/Mallorca
Pre Print: SDP Serveis de Preimpressió, Palma de Mallorca
Gesamtherstellung: Unigraf S.L., Madrid
© 1998 by Classic Collection Carolina, Meudt
Alle Rechte vorbehalten
1.-3. Auflage - Mai 1998
4.-6. Auflage - April 1999
7.-9. Auflage - Juni 2000
10.-11. Auflage - 2001
12. Auflage - 2002
ISBN 84-89983-50-X
DL: M-13.079-2002
Printed in Spain

VORWORT

Schon George Sand und Frédéric Chopin wussten die Sonne zu schätzen, die heute so viele Menschen nach Mallorca zieht. Diese beiden allerdings wollten ausserdem Ruhe und Zurückgezogenheit geniessen, um sich ungestört ihrer schöpferischen Tätigkeit zu widmen.

Wie George Sand schreibt, war es ihr wie so vielen Menschen auch heute ein Bedürfnis, sich von den täglichen Erfordernissen zu befreien, sich zu erholen und sich intensiv mit all den Dingen zu beschäftigen, zu denen man ja sonst nie kommt. Das alles klingt uns sehr vertraut, nicht umsonst ist man *"reif für die Insel"*.

Im Sommer 1838 begann die Beziehung zwischen Frédéric Chopin und George Sand, die ihn letztendlich seine unglückliche Liebe zu ihrer Vorgängerin vergessen liess. Im Herbst des Jahres blieb dem Künstler ein starker Husten von einer Erkältung zurück. Die Ärzte hatten sowohl ihm als auch dem Sohn von George Sand, Maurice, ein warmes, sonniges Klima empfohlen, was Maurice vor weiteren Rheumaanfällen schützen sollte.

Das schien Grund genug für eine gemeinsame Reise, die allerdings eigentlich nach Italien gehen sollte. Doch auf die Empfehlung ihrer spanischen Freunde, der Herren Mendizábal, Marliani und Valldemossa, wurde dann aber Mallorca daraus. Das gab den beiden auch Gelegenheit, ständig beieinander zu sein, während sonst Chopin in Paris lebte und George Sand immer wieder nach Nohant an die Seite ihres Gatten und ihrer Familie zurückkehrte. Hinter ihrem Künstlernamen verbarg sich übrigens die gebürtige Aurore Dupin, Baronin Dudevant. Chopin zeigte sich erstaunlich begeistert von der Vorstellung einer Reise, obwohl er ansonsten Veränderungen seiner täglichen Routine abhold war. Für ihn sollte möglichst jeder Tag gleich ablaufen, um sein empfindsames Gleichgewicht nicht zu stören. Ausserdem war ihm die Vorstellung unangenehm, für längere Zeit von seinem Klavier, seinen Freunden, seinem Arzt und vor allem dem gesellschaftlichen Leben getrennt zu sein. Es bedurfte da einer liebenden und geliebten Person, ihn von Paris wegzuholen.

Beide reisten getrennt bis Perpignan. George Sand und die Kinder brachen bereits Mitte Oktober auf und legten die Strecke in bequemen Etappen zurück, unterbrochen von Besuchen bei Freunden. Chopin folgte in Begleitung seines Freundes Don Juan Mendizábal mit der Eilpost in 4 Tagen (!), was er bemerkenswert gut überstand. Anschliessend bestiegen sie in Port Vendres das Schiff nach Barcelona, da die

Reise auf dem Landwege wegen des in Spanien herrschenden Bürgerkrieges zu gefährlich war. Nach einem kurzen Aufenthalt setzten sie in 18 Stunden unter heute schwer vorstellbaren Bedingungen nach Mallorca über. George Sand lässt sich später humorvoll-ironisch über die unsäglichen Zustände an Bord aus. Festgehalten ist diese Reise auch in dem Logbuch des Dampfschiffes "El Mallorquin", mit dem Reisedatum vom 7. November 1838, wobei genau aufgeführt ist, wer 1. Klasse reiste und wer 2., nämlich das Dienstmädchen Amelia. Nach der Beschreibung von George Sand lässt sich kaum vermuten, dass es auf dem Dampfer unterschiedliche Klassen gab. Die Aufzeichnungen werden heute im Königlichen Historischen Archiv in Palma aufbewahrt. Das Abreisedatum mit dem gleichen Schiff ist mit dem 13. Februar 1839 verzeichnet.

George Sand trug einen unbegrenzten Kreditbrief auf dieser Reise mit sich, der auf das Bankhaus Canut in Palma ausgestellt war. Die Frau des Bankiers, Hélène Choussat, beschrieb später diesen Besuch und seine Wirkung auf die Mallorquiner. Die Turbulenzen begannen nämlich schon damit, dass diese Ausländerin mit einem männlichen Namen unterschrieb! Ausserdem liefen sowohl George Sand als auch ihre Tochter in Männerhemden und Hosen herum. Ansonsten kleidete sie sich fast immer in Schwarz oder dunklen Farben. Es war für die Mallorquiner nämlich schon ungewöhnlich genug, dass ein nicht verheiratetes Paar mit den Kindern zusammenwohnte, dass beide Künstler waren und als solche daran gewöhnt, dass man sie hofierte und respektierte. Schon allein daraus wird erkennbar, dass die streitbare Madame George Sand und die konservativen, strenggläubigen Mallorquiner durch eine tiefe Kluft voneinander getrennt waren. Daraus resultieren auch die scharf-ironischen Angriffe ihrerseits auf die "Einheimischen". Allerdings gibt die Bankiersgattin ebenfalls zu, dass die Inselbewohner seinerzeit noch sehr ihren überkommenen Ansichten verhaftet waren, hatten sie doch gerade erst damit begonnen, nach der Anschaffung des Dampfschiffes, auch einmal die Insel zu verlassen und die Welt zu sehen.

Gleichzeitig dürfte eine gewisse Scheu vor diesen Künstlern eine Rolle gespielt habe, denn auch Madame Choussat-Canut traute sich nicht einmal, George Sand um eine Widmung in ihrem Poesiealbum zu bitten. Dafür war sie ihr aber in anderer Hinsicht sehr behilflich: Als die Abreise nahte, standen Chopin und Sand vor dem Problem, wohin mit dem mühsam hergeschafften Pleyel-Klavier? Es wurde von der besagten Bankiersfrau gekauft, die ihr eigenes dafür an andere verkaufte. Sie zumindest hat entweder nicht, wie die furchtsamen Mallorquiner an Chopins Schwindsucht geglaubt, oder sie war ihr gleichgültig.

Nach dem Fiasko mit dem Haus des Herrn Gomez in Establiments waren sowohl Chopin als auch Sand ausserordentlich angetan von der Wohnung in der Kartause von Valldemossa, in der sie schliesslich Zuflucht fanden. Chopin schreibt ganz begeistert in einem seiner Briefe, dass er demnächst in eine bewunderungswürdige Kartause in der schönsten Gegend der Welt zöge. Dort könne er in der Zelle eines alten Mönches leben, träumen und komponieren. Später jedoch beschreibt er die Zelle als einen Raum, der auf ihn wie ein überdimensionaler Sarg mit staubigem Tonnengewölbe und kleinem Fenster wirkte, vor dem er Orangenbäume, Palmen und Zypressen sehen könne. Sein Bett stände gegenüber dem Fenster unter den Rosetten. Doch welche Zelle es gewesen ist, darüber streiten sich die Gelehrten.

Bis heute erheben sowohl Zelle 4 als auch Zelle 2 den Anspruch, von Chopin und George Sand bewohnt worden zu sein. In der einen steht das Pleyel-Klavier, welches nachgewiesenermassen das echte ist, auf dem er gespielt hat, in der anderen steht das mallorquinische Klavier, das er nach dem Bericht von George Sand benutzt haben soll, ehe das Pleyel unter vielen Schwierigkeiten herbeigeschafft worden war. Erschwerend kommt hinzu, dass seinerzeit die Zelle des Priors nicht numeriert war, denn die Numerierung erfolgte erst, als die Zellen später einzeln verkauft wurden. So schreibt ein Zeitgenosse der beiden, er habe sie in Zelle 4 oder 5 besucht. Jedoch weist jede Zelle Kostbarkeiten und Erinnerungsstücke auf, die sich sowohl auf das Leber der Mönche im früheren Kartäuserkloster als auch auf den Aufenthalt von Frédéric Chopin und George Sand beziehen.

Frédéric Chopin, der in der Biographie von George Sand als ein sehr empfindsamer und empfindlicher Mensch geschildert wird, hat in der Kartause einige wunderbare Präludien geschaffen, in denen er seinen Empfindungen Ausdruck verleiht. Unter dem Eindruck seiner Krankheit war er wohl recht mutlos geworden und nahm alle Widrigkeiten mehr als ernst. Gleichzeitig ist ein solches Kloster natürlich ein Ort, an dem die verschiedensten Geräusche und Vorstellungen in Verbindung mit Wind und Wetter zur Wiedergabe in Musik herausfordern. Gemäss den Beschreibungen von George Sand in ihrer Biographie fand sie "ihren Kranken" häufig übererregt und ausser sich vor, wenn sie von einem Ausflug zurückkehrten. Dann spielte er ihr und den Kindern die wunderbare Musik vor, die aus diesen Gefühlsaufwallungen entstanden war. Chopins Gesundheitszustand litt schliesslich dermassen, dass der Aufenthalt überstürzt abgebrochen werden musste.

Im Reisebericht von George Sand findet man die herrlichsten Naturbeschreibungen, stösst jedoch auch immer wieder auf ihre Ansichten. Selbst, wenn sie verspricht, sich nur auf die Tatsachen zu beziehen und ihre eigenen Erlebnisse lediglich zur Anschauung heranziehen will, entwischt ihre flinke Feder immer wieder diesem Rahmen. Die von ihr vorgenommenen Bezüge zu ihren französischen und spanischen Freunden wurden bewusst im Kontext beziehungsweise in Fussnoten belassen, denn sie sind Bestandteil ihres Stiles und des Zeitgeschmacks. Es wurde allerdings in der Übersetzung auf mehr Verständlichkeit geachtet.

Lassen Sie sich jetzt von ihr auf das Abenteuer „Mallorca" im vorigen Jahrhundert mitnehmen, das wohl einer so energischen und willensstarken Person wie George Sand bedurfte, um überhaupt durchgeführt zu werden. Vieles von dem, was sie schreibt, hat heute, trotz Massentourismus, noch Gültigkeit. Die Schönheiten der Insel haben bisher viele, wenn auch nicht alle Angriffe überstanden. Noch immer gibt es verträumte Winkel, in denen die Zeit stehen geblieben ist. Was die Menschen angeht, so trifft ihre Schilderung nicht zu. Der Tourist wird immer freundlich behandelt, denn davon lebt man schliesslich. Selbst wenn heute der eine oder andere befürchtet, die Ausländer könnten überhandnehmen und die Insel aufkaufen, zumal die Deutschen - Mallorquiner behandeln jeden freundlich, der sich als Gast auch so benimmt. Wenn er/sie dazu noch etwas Spanisch parliert, kann er einen wunderbaren Urlaub verbringen oder sich als Resident auf der Insel niederlassen und die vielfach verschwägerten und versippten Familien kennenlernen. Man wird ihn willkommen heissen innerhalb der Grenzen der natürlichen Reserviertheit eines Inselbewohners.

Monsieur,

Il y a plus d'un mois, que j'ai reçu une lettre de Pleyel relativement au piano. — J'ai retardé ma réponse espérant toujours recevoir de vos nouvelles et je viens seulement de lui répondre que vous avez fait l'acquisition de cet instrument moyennant douze cent francs. = Ma santé étant tout à fait rétablie, je quitterai Marseille incessamment et n'allant pas directement à Paris je crois de mon devoir de vous prier, pour empêcher tout retard de vouloir bien pour le payement vous adresser à Paris à M.rs C. Pleyel et C.ie — Rue de Rochechouard N.ro 20. qui sont avertis. —

Agréez, Monsieur, je vous prie l'assurance de mes sentiments distingués

F. Chopin

Marseille, 28 Mars 1839

Monsieur Canut

Palma

Brief von Frédéric Chopin das Pleyel-Piano betreffend

Notiz der Autorin

Die Idee zu diesem Buch beruht auf einem meinem Freund François Rollinat gewidmeten Brief; der Grund seiner Entstehung steht in meinen Überlegungen zu Beginn des vierten Kapitels, die ich nur wiederholen kann: *"Warum verreisen, wenn man nicht dazu gezwungen ist?"*

Da ich heute von den gleichen Breitengraden, aber von einem anderen Punkt Südeuropas zurückkomme, gebe ich mir dieselbe Antwort wie seinerzeit bei meiner Rückkehr aus Mallorca: *"Es geht nicht so sehr ums Reisen selbst als ums Abreisen: wer von uns muss sich nicht von einem Schmerz ablenken oder ein Joch abschütteln?"*

George Sand

Nohant, 25. August 1855

Brief eines Ex-Reisenden an einen häuslichen Freund

Häuslich aus Pflicht, glaubst du, mein lieber François, dass ich, mitgerissen von meiner stolzen und kapriziösen Lieblingsbeschäftigung, der Unabhängigkeit, das prickelndste Vergnügen der Welt darin gefunden habe, Meere und Berge, Seen und Täler zu durchqueren. Von wegen! Die schönsten und süssesten Reisen habe ich am Kamin sitzend gemacht, die Füsse zur heissen Glut gestreckt, die Ellenbogen auf die abgewetzten Armlehnen des Sessels meiner Grossmutter gestützt.

Ich zweifele nicht daran, dass auch du einem ebenso angenehmen und ausserdem poetischen Zeitver-treib tausendmal gefrönt hast. Daher rate ich dir, weder deine Zeit, noch deine Mühe, den in den Tropen vergossenen Schweiss, die eisigen Füsse in den Schneefeldern des Poles zu bedauern, noch die fürchterlichen, auf dem Meer durchgestandenen Unwetter oder die Banditenangriffe, oder irgendeine der Gefahren, noch eine der Erschöpfungen, denen du jeden Abend in der Phantasie die Stirn bietest, ohne aus deinen Pantoffeln zu steigen und ohne andere Schäden als die von einigen Brandlöchern der Zigarre im Futter deines Wamses zu verursachen. Um dich mit dem Verlust tatsächlichen Raumes und körperlicher Bewegung zu versöhnen, schicke ich dir den Bericht über die letzte Reise, die ich ausserhalb Frankreichs machte. Du wirst mich sicher mehr bedauern als beneiden, und die geringe begeisterte Bewunderung und die wenigen reizvollen Stunden, die dem Pech abgerungen waren, zu teuer bezahlt finden.

Diese schon seit einem Jahr geschriebene Erzählung hat mir seitens der Mallorquiner beissende Kritik eingetragen, und zwar sehr wütende als auch sehr komische. Ich bedaure, dass sie zu lang ist, um im Anschluss an meinen Bericht gedruckt zu werden. Denn der Ton, in dem sie abgefasst ist und die "Liebenswürdigkeit" der Vorwürfe, die man mir macht, bestätigen einmal mehr meine Meinung über die Gastfreundschaft, die Einstellung und das Feingefühl der Inselbewohner gegenüber Ausländern. Das wäre eine recht seltsame Rechtfertigung: aber wer könnte das schon bis zum Ende lesen? Und dann - wenn man so eitel und dumm sein kann, die Komplimente, die man bekommt, zu veröffentlichen, wäre es nicht auch im Laufe der Zeit angebracht, bei den Beleidigungen, die einem zugefügt werden, Krach zu schlagen?

Ich werde dir jedoch den Gefallen erweisen, mich darauf zu beschränken, dir zur Vervollständigung der Einzelheiten über diese naive mallorquinische Bevölkerung zu sagen, dass, nachdem sie meinen Bericht gelesen hatten, die fähigsten Anwälte von Palma, 40 (!!) an der Zahl, wie man mir sagte, zusammenkamen, um mit geballter Phantasie eine schreckliche Anklage gegen die unmoralische Schriftstellerin zu verfassen, die sich erlaubt hat, über ihre Liebe zum Profit und ihre liebevolle Fürsorge für die Schweinezucht zu lachen. Da kann man nur sagen, dass sie alle zusammen gerade soviel Geist aufbringen wie sonst vier.

Aber lassen wir die guten Leute in Frieden, die sich mir gegenüber so aufgeregt haben. Sie haben Zeit gehabt, sich zu beruhigen und ich, ihre Art zu handeln, zu sprechen und zu schreiben, zu vergessen. Ich erinnere mich nur noch der fünf oder sechs Bewohner dieser schönen Insel, deren Empfang zuvorkommend und deren Manieren herzlich waren und die in meiner Erinnerung immer noch als Ausgleich und als Wohltat des Schicksals geblieben sind. Wenn ich sie nicht namentlich erwähnt habe, so deshalb, weil ich mich nicht als eine so wichtige Persönlichkeit betrachte, dass sie meine Bekanntschaft ehrt und auszeichnet. Aber ich bin sicher (und das glaube ich bei meiner Erzählung gesagt zu haben), dass auch sie mir ein freundschaftliches Angedenken bewahrt haben, so dass sie sicher nicht glauben, in meine respektlosen Neckereien einbezogen zu sein und ebenso nicht an meinen Gefühlen für sie zweifeln.

Ich habe dir nichts von Barcelona berichtet, wo wir einige sehr ausgefüllte Tage verbracht haben, bevor wir uns nach Mallorca einschifften. Von Port

Vendres nach Barcelona ist es bei schönem Wetter und mit einem guten Dampfschiff eine reizende Spazierfahrt. An den katalanischen Gestaden stiessen wir wieder auf die Frühlingsluft wie im November in Nîmes, die uns jedoch in Perpignan verlassen hatte. Die Sommerhitze erwartete uns erst auf Mallorca. In Barcelona kühlte eine frische Brise die strahlende Sonne und fegte alle Wolken vom weiten Horizont, der in der Ferne von bald schwarzen und kahlen, bald schneebedeckten Gipfeln eingerahmt war.

Wir machten einen Ausflug nach ausserhalb, jedoch erst, nachdem die guten kleinen andalusischen Pferde, die uns zogen, ausreichend gut mit Hafer gefüttert waren, um uns, im Falle einer verhängnisvollen Begegnung, flink in die Mauern der Zitadelle zurückbringen zu können.

Du weisst, dass damals (im Jahr 1838) die Aufrührer in marodierenden Banden durch das ganze Land zogen, die Strassen blockierten, in die Städte und Dörfer eindrangen und Lösegeld auch noch von den Ärmsten in der kleinsten Hütte erpressten, sich in Landhäusern in nur einer halben Meile Entfernung vom Ort niederliessen und unvermutet aus jeder Felsenmulde hervorsprangen, um den Reisenden Geld oder Leben abzuverlangen.

Wir wagten uns also einige Meilen an die Meeresküste vor, trafen dabei aber nur auf Abteilungen von *Christinos* (Anhänger der Königinmutter Maria Christina im 19. Jahrhundert), die nach Barcelona herabkamen. Man sagte uns, dass dies die edelsten

Truppen Spaniens seien. Es waren in der Tat recht gute Männer und nicht zu ungepflegt für jemanden, der gerade einen Feldzug mitgemacht hat. Doch die Männer und ihre Pferde waren so dünn, die einen mit so gelben, hohlwangigen Gesichtern, die anderen mit hängendem Kopf und mageren Flanken, dass man schon bei ihrem Anblick die Hungerschäden spürte.

Einen noch bedrückenderen Anblick boten die Befestigungen um die kleinsten Weiler und vor den Türen der armseligsten Hütten: eine kleine Umfassungsmauer aus trockenen Steinen, vor jeder Tür ein grosser zinnenbewehrter dicker Turm oder kleine, mit Schiessscharten bewehrte Befestigungsmauern um jedes Haus, bewiesen, dass sich kein Bewohner dieser reichen Landstriche sicher fühlte. Und an vielen Orten zeigten diese kleinen zerbröckelten Befestigungen auch noch die Spuren erst kürzlicher Angriffe und Verteidigungen.

Hatte man die gewaltigen und riesigen Befestigungen von Barcelona überwunden, ich weiss nicht wieviele Tore, Zugbrücken, geheime Ausfallpforten und Festungswälle passiert, wies nichts mehr darauf hin, dass man sich in einer Stadt im Kriegszustand befand. Hinter einer Dreifachreihe von Kanonen, vom Rest Spaniens durch die Räuberbanden und den Bürgerkrieg isoliert, promenierte die Jugend auf der *Rambla*, einer langen Allee mit Bäumen und Häusern, wie auf unseren Boulevards. Die schönen, graziösen und koketten Frauen widmeten sich einzig und allein dem Fall ihrer Mantillen und dem Spiel mit ihren Fächern. Die mit ihren Zigarren beschäftigten Männer lachten, schwatzten, schielten auf die Damen, genossen die Unterhaltung in der italienischen Oper und schienen sich nicht darum zu kümmern, was sich auf der anderen Seite ihrer Mauern zutrug. Doch wenn es Nacht geworden war, die Oper zu Ende, die Gitarren fortgeräumt, und die Stadt den wachsamen Streifen der *serenos*, der Nachtwächter, überlassen war, hörte man im monotonen Rauschen des Meeres nur noch die unheimlichen Schreie der Möwen und die ebenso unheimlichen Feuerstösse, die in unregelmässigen Abständen vereinzelt oder in Salven, von verschiedenen Stellen abgefeuert wurden, mal in Reihe, mal spontan, entfernter, manchmal recht nahe und stets bis zur ersten Morgendämmerung. Dann kehrte für ein oder zwei Stunden Ruhe ein, und die Bürger schienen tief zu schlafen, während das Leben im Hafen erwachte und das Matrosenvolk sich zu rühren begann.

Fiel es einem ein, sich in den Stunden des Vergnügens und des Flanierens danach zu erkundigen, was das des Nachts für seltsame und Angst einflössende Geräusche seien, hätte man ihm lächelnd geantwortet, dass dies niemanden etwas anginge und es nicht klug sei, etwas darüber zu wissen.

*Zeitgenössische Abbildung des Raddampfers
"El Mallorquin", mit dem Chopin und Sand reisten.*

Erster Teil

ERSTES KAPITEL

Es war, glaube ich, vor etwa 50 Jahren, als zwei englische Touristen das Tal von Chamonix "entdeckten." So jedenfalls bezeugt es eine in eine Felstafel gemeisselte Inschrift am Eingang von Mer-de-Glace.

Angesichts der geographischen Lage dieses kleinen Tales ist der Anspruch zu hoch, aber in gewissem Sinne gerechtfertigt, wenn diese Touristen, deren Namen mir nicht erinnerlich sind, die ersten waren, die den Dichtern und Malern den Weg zu den romantischen Gefilden wiesen, in denen Byron sein bewundernswertes Drama *Manfred* erträumte.

Generell lässt sich heutzutage sagen, dass die *Beau monde* und die Künstler die Schweiz erst im vorigen Jahrhundert entdeckt haben. Jean-Jacques Rousseau ist der wahre Christoph Kolumbus der Alpenpoesie und, wie es Monsieur de Chateaubriand sehr gut erkannt hat, auch der Vater der Romantik in unserer Sprache.

Ich habe nicht die gleichen Ansprüche auf Unsterblichkeit wie Jean-Jacques. Um auch daran teilzuhaben, bin ich darauf gekommen, dass ich vielleicht ebenso wie die beiden Engländer im Tal von Chamonix damit berühmt werden könnte, dass ich für mich in Anspruch nehme, Mallorca entdeckt zu haben. Doch sind die Ansprüche viel höher geworden, so dass es heute kaum noch ausreichte, meinen Namen in irgendeinen balearischen Felsen meisseln zu lassen. Es wäre eine recht genaue Beschreibung erforderlich oder zumindest ein recht poetischer Reisebericht, um bei den Touristen das Verlangen zu wecken, meinen Spuren daraufhin zu folgen. Da ich mich in diesem Lande nicht gerade in begeisterter Stimmung befand, verzichtete ich darauf, meine Entdeckung zu rühmen und hielt sie weder in Granit noch auf dem Papier fest.

Hätte ich mich von dem Kummer und der Verärgerung beeinflussen lassen, wie ich sie empfand, wäre es mir nicht mehr möglich gewesen, mich mit dieser Entdeckung zu brüsten. Denn jeder hätte mir nach der Lektüre gesagt, da sei doch nichts zu rühmen. Heute wage ich allerdings zu sagen, dass es etwas gibt: Denn Mallorca ist für Maler eines der schönsten, jedoch am wenigsten beachteten Länder der Erde. Dort, wo man nur eine bildhafte Schönheit beschreiben kann, sind die literarischen Ausdrucksmöglichkeiten so unzureichend, dass ich mich gar nicht erst damit befasste. Man braucht den Bleistift und den Stichel des Zeichners, um den Touristen die Grösse und Anmut der Natur Mallorcas wirklich nahezubringen.

Wenn ich nun heute meine Erinnerungen aus ihrem Schlummer erwecke, so dann, weil ich kürzlich ein hübsches Buch auf meinem Tisch fand mit dem Titel:

*Souvenirs d'un voyage d'art à l'île de Mallorque,
par J.-B. Laurens*
Erinnerungen an eine Kunstreise nach Mallorca,
von J.-B. Laurens

Ich hatte wirklich meine Freude daran, Mallorca wiederzuentdecken, seine Palmen und Agaven, seine arabischen Bauten und seine griechischen Trachten. Ich entdeckte alle Orte in ihrer poetischen Färbung wieder und erinnerte mich an meine Eindrücke, die ich eigentlich schon ausgelöscht glaubte. Jedes baufällige Haus, jedes Gebüsch weckte in mir eine Flut von Erinnerungen. Und dann fühlte ich mich stark genug, zwar nicht über meine Reise, aber doch über die von J.-B. Laurens zu berichten, der ein kluger, fleissiger Künstler ist, schnell und gewissenhaft in der Ausführung. Sicher gebührt ihm die Ehre, die ich mir zuschrieb, nämlich Mallorca entdeckt zu haben.

Diese Reise von Monsieur Laurens in die Weite des Mittelmeeres und an die Küsten, an denen das Meer manchmal genauso unwirtlich ist wie die Bewohner, ist wesentlich verdienstvoller als der Spaziergang unserer beiden Engländer zum Montanvert. Wenn die europäische Zivilisation einmal soweit käme, die Zöllner und Polizisten, diese sichtbaren Verkörperungen von Misstrauen und Fremdenhass, abzuschaffen, wenn die Dampfschiffverbindungen so beschaffen wären, dass wir direkt zu diesen

Gestaden vordringen können, würde Mallorca der Schweiz bald grossen Schaden zufügen. Denn man könnte genauso schnell dorthin gelangen und fände sicher ebenso sanfte Anmut, seltsame und erhabene Grösse, die der Malerei neue Impulse gäben.

Heute aber kann ich diese Reise ganz ehrlich nur robusten, gesunden Künstlern mit leidenschaftlichem Geist empfehlen. Sicherlich werden eines Tages empfindsame Künstler wie auch schöne Frauen so mühelos und angenehm nach Palma gelangen können wie heute nach Genf.

Nach langer Assistenz bei Monsieur Taylor bei Restaurierungsarbeiten an Denkmälern Frankreichs, hat Monsieur Laurens auf eigene Faust letztes Jahr die Balearen besucht. Er gesteht, dass er bei der Landung grosses Herzklopfen verspürte, da es so wenig Information darüber gab, dass seiner vielleicht viele Enttäuschungen statt der Erfüllung seiner Träume harrten. Doch er sollte finden, was er suchte: Alle seine Hoffnungen erfüllten sich. Denn Mallorca ist das Eldorado der Malerei. Alles ist dort pittoresk, von der Kate des Bauern an, armselig, aber im überkommenen arabischen Stil, bis zu dem in seine Lumpen gehüllten Kind, "triumphierend in seinem grandiosen Schmutz", wie es Heinrich Heine von den Frauen auf dem Kräutermarkt in Verona gesagt hat. Die Landschaft zeigt eine reichere Vegetation als Afrika, hat aber ebensoviel von seiner Weite, seiner Ruhe und Einfachheit. Das ist das grüne Helvetien unter dem Himmel Kalabriens in der Stille des Orients.

Die überall fliessenden Wildbäche und die ohne Unterlass dahinziehenden Wolken führen in der Schweiz dazu, dass die Farben sich ständig verändern. So entsteht eine fortwährende Bewegung, die einem Maler die Wiedergabe erschweren. Die Natur scheint hier mit dem Künstler zu spielen. In Mallorca hingegen scheint sie ihn zu erwarten, ihn einzuladen. Dort gefällt sich die Vegetation in stolzen und bizarren Formen; aber sie entfaltet nicht diesen ungezügelten Überschwang, hinter dem die Linien der Schweizer Landschaft allzu oft verschwinden. Der Gipfel eines Berges zeichnet sich in wohl abgezirkelten Umrissen gegen einen glitzernden Himmel ab, die Palme neigt sich selbst über die Abgründe, ohne dass die kapriziöse Brise den majestätischen Wipfel zerzaust. Bis hin zum kleinsten verkümmerten Kaktus am Rande des Weges scheint alles in einer Art Eitelkeit zum Vergnügen der Augen zu posieren.

Zunächst einmal folgt eine knappe Beschreibung der grossen Baleareninsel in populärwissenschaftlicher Form wie aus dem geographischen Lexikon. Das ist keineswegs so einfach wie man meint, insbesondere, wenn man sich im Lande selbst informieren möchte. Die Vorsicht des Spaniers und das Misstrauen des Insulaners gehen hier soweit, dass ein Fremder nicht die einfachste Frage der Welt an jemanden stellen sollte, droht doch die Gefahr, für einen politischen Spitzel gehalten zu werden. Der gute Monsieur Laurens hatte sich erlaubt, ein zerfallenes Castillo zu skizzieren, dessen Anblick ihm gefiel. Dafür wurde er zum Gefangenen des finsteren

Gouverneurs unter der Anklage, den Plan seiner Befestigungen zu erstellen [1]. Da er nun entschlossen war, sein Skizzenbuch anderswo zu vervollständigen als in den Gefängnissen des Staates Mallorca, hat er sich darauf beschränkt, nichts anderes zu erkunden als die Bergpfade, und sich mit anderen

[1] *"Das einzige, was meine Aufmerksamkeit an diesem Ufer fesselte, war dieses baufällige, in dunklem Ockerton gehaltene Gebäude, umgeben von einer Kaktushecke. Es war das Castillo von Soller. Kaum hatte ich meine Zeichnung in Umrissen skizziert, als ich vier Individuen mit Angst einflössenden oder eher zum Lachen reizenden Mienen auf mich zustürzen sah. Ich hatte das Gesetz des Königreiches verletzt, wonach es verboten ist, den Plan einer Befestigung zu zeichnen. So wurde ich auf der Stelle verhaftet.*

Da ich die spanische Sprache bei weitem nicht ausreichend beherrschte, konnte ich diesen Leuten die Absurdität ihres Vorgehens nicht beweisen. Der französische Konsul in Soller mußte zu Hilfe geholt werden und so dienstbeflissen er auch war, war ich nicht weniger als drei tödliche Stunden gefangen, bewacht von dem Señor Sei-dedos, Gouverneur der Festung, einem wahren Dragoner der Hesperiden. Zwischendurch war ich versucht, diesen lächerlichen Dragoner mitsamt seiner militärischen Aufmachung von seiner "Bastion" ins Meer hinabzustürzen, doch seine Miene entwaffnete alle meine Wut. Hätte ich Charlets Talent besessen, hätte ich die Zeit genutzt, meinen Gouverneur als exzellentes Modell einer Karikatur zu studieren. Im übrigen verzieh ich ihm seine so blinde Ergebenheit zum Wohle des Staates. Es war nur natürlich, daß dieser arme Mann, der so gar keine andere Zerstreuung hatte als mit Blick auf das Meer seine Zigarre zu rauchen, die Gelegenheit nutzte, die ihm Abwechslung in seiner Beschäftigung bot. Ich kehrte also herzhaft lachend nach Soller zurück, weil ich als Feind von Vaterland und Verfassung betrachtet worden war." Souvenirs d'un voyage d'art à l'île de Majorque von J.-B. Laurens)

ungefährlicheren Baudenkmälern zu beschäftigen anstatt die Steine der Ruinen zu untersuchen.

In den vier Monaten auf Mallorca wäre ich nicht weitergekommen als er, hätte ich nicht die wenigen Einzelheiten zu Rate gezogen, die uns über diese Gegenden zugänglich waren. Doch da wurde ich wieder verunsichert, denn diese schon altertümlichen Werke widersprachen sich untereinander derart, widerlegten und verunglimpften sich gegenseitig so prachtvoll, wie es Reisende gegenseitig zu tun pflegen, dass ich mich entschliessen musste, einige Ungenauigkeiten geradezubiegen, ohne damit viele andere zu begehen. Hier dennoch mein Absatz des Geographielexikons und, um meine Rolle als Reiseberichterstatter nicht aufzugeben, beginne ich mit der Erklärung, dass er unbestreitbar besser ist als alle vorherigen.

ZWEITES KAPITEL

Monsieur Laurens nennt Mallorca wie die Römer *Balearis Major*. Dr. Juan Dameto, der wohl beste mallorquinische Historiker, sagt, es wurde früher *Clumba* oder *Columba* genannt, woraus bis heute Mallorca wurde. Die Hauptstadt hiess nie Mallorca, sondern immer Palma, obwohl viele französische Geographen sie so zu nennen pflegten [1].

Die Insel ist die grösste und fruchtbarste des balearischen Archipels und ein Überrest eines Kontinentes, der zweifellos Spanien und Afrika miteinander verbunden hat und erst nach seiner Überflutung durch das Mittelmeer zerbrach. Klimatisch und von der Vegetation her hat sie von beiden profitiert. Sie liegt 25 Meilen südöstlich von Barcelona, 45 Meilen vom nächsten Punkt der afrikanischen Küste entfernt und, wie ich glaube, 95 oder 100 vom Hafen von Toulon entfernt. Ihre Oberfläche beträgt 1.234

---

[1] *Ein Irrtum der Autorin: Palma hieß bei den Mauren sehr wohl schon einmal "Medina Majurqua"*

Quadratmeilen [1], ihr Umfang 143, die grösste Breite 54 und die schmalste 28. Ihre Bevölkerung stieg von 136.000 Personen im Jahr 1787 auf heute etwa 160.000. Davon leben in der Stadt Palma 36.000 statt der 32.000 zu jener Zeit.

Die Temperaturen weisen in den einzelnen Regionen beträchtliche Schwankungen auf. In der ganzen Ebene ist der Sommer brennend heiss, aber die Bergkette, die sich von Nordost nach Südwest erstreckt (wobei diese Ausrichtung auf ihre Übereinstimmung mit den Gebieten in Afrika und Spanien hinweist), wirkt sich stark auf die Wintertemperaturen aus. So berichtet Miguel de Vargas, dass das Thermometer (in Réaumur) im Hafen von Palma im schrecklichen Winter von 1784 an einem Januartag auf 6° über Null fiel, an anderen Tagen aber bis auf 16° stieg und sich meistens bei 11° hielt. Nun hatten wir etwa diese Temperaturen in einem ganz gewöhnlichen Winter in den Bergen in Valldemossa, das als eine der kühlsten Regionen der Insel gilt. In den kältesten Nächten bei zwei Zoll Schnee stand das Thermometer bei nur 6-7°. Um acht Uhr morgens war es auf 9 oder 10° gestiegen, um die Mittagszeit sogar auf 12 oder 14°. Um etwa drei Uhr nachmittags, wenn für uns die Sonne hinter den uns umgebenden Berggipfeln verschwunden war, sank das Thermometer schnell auf 9, selbst auf 8°.

[1] "Medida por el ayre. Cada milla de mil pasos geométricos y un paso de 5 pies geométricos." Luftlinie. Jede Meile hat tausend geometrische Schritte und jeder Schritt 5 Fuß. (Descripciones de las islas Pitiusas y Baleares, Miguel de Vargas, Madrid, 1787)

Die Winde wehen dort oft sehr heftig aus Norden, und in manchen Jahren fällt der Winterregen reichlich und ausdauernd. Davon können wir uns in Frankreich keine Vorstellung machen. Im allgemeinen ist das Klima in dem gesamten, Afrika zugewandten Südteil im Schutz der zentralen Gebirgskette und der schroff abfallenden Nordküste vor den wütenden jähen Windstössen aus dem Norden gesund und angenehm. Die Insel bildet eine von Nordwest nach Südost schiefe Ebene und die Schiffahrt, die im Norden wegen der zerklüfteten Steilküste *„escarpada y horrorosa, sin abrigo ni resguardo"* (steil und furchterregend, ohne windgeschützte Stellen oder Schutz, wie Miguel de Vargas schreibt) - kaum möglich ist, ist im Süden leicht und sicher.

Mit Fug und Recht wurde Mallorca in der Antike die "goldene Insel" genannt. Orkanen und ihren klimatischen Unbilden zum Trotz ist sie ausserordentlich fruchtbar und ihre Produkte sind von ausgesuchter Qualität. Der Weizen ist hier so rein und gut, dass er nur exportiert wird. In Barcelona wird er ausschliesslich für die Herstellung der weissen und leichten Backwaren, genannt *pan de Mallorca*, verwendet. Die Mallorquiner lassen sich für ihre Ernährung einen gröberen und billigeren Weizen aus Galizien und der Biskaya kommen. Daher bekommt man in einem Land, das so reich an hervorragendem Weizen ist, nur widerliches Brot zu essen.

Ich weiss nicht, ob dieser Tausch sehr vorteilhaft für sie ist. Im mittleren Teil Frankreichs, wo die Landwirtschaft am rückständigsten ist, beweist die Arbeit des Landwirtes nichts anderes als seine

Sturheit und seine Unwissenheit. Das trifft noch viel mehr auf Mallorca zu, wo die Landwirtschaft trotz aller Sorgfalt in den Kinderschuhen steckt. Nirgends sonst habe ich gesehen, dass die Erde mit soviel Geduld, aber so lasch bearbeitet wird. Selbst die einfachsten landwirtschaftlichen Maschinen sind unbekannt. Die im Vergleich mit unseren sehr mageren und schwachen Arme der Menschen müssen für alles herhalten, aber mit einer unglaublichen Langsamkeit. In einem halben Tag gräbt man hier weniger Erde um als bei uns in zwei Stunden. Fünf oder sechs der stärksten Männer sind nötig, um eine Last zu bewegen, die der Schwächste unserer Lastträger leicht auf die Schultern nimmt.

Ungeachtet dieser Lässigkeit ist alles auf Mallorca bearbeitet und anscheinend gut bearbeitet. Es heisst, dass seine Bewohner kaum Not kennen; doch umgeben von den Schätzen der Natur unter dem schönsten Himmel ist ihr Leben rauher und freudloser als das unserer Bauern.

Reisende pflegen Phrasen über das Glück der Südländer zu dreschen. Ihre Gesichter und die malerischen Trachten erscheinen ihnen immer so, als sei ständig Sonntag unter der strahlenden Sonne. Den Mangel an Ideen und die fehlende Voraussicht halten sie für das Ideal der stillen Heiterkeit des ländlichen Lebens. Das ist ein Irrtum, dem ich selbst zum Opfer gefallen, aber davon kuriert bin, seit ich nämlich Mallorca gesehen habe.

Es gibt nichts Traurigeres und Erbärmlicheres auf der Welt als diese Bauern, die nur beten, singen, arbeiten und die niemals denken. Ihr Gebet ist ein stumpfes Daherleiern, das in ihrem Geist keinen Sinn macht. Ihre Arbeit ist eine stupide Muskeltätigkeit, die keine Anstrengung ihres Verstandes sie zu vereinfachen lehrt. In ihrem Gesang drückt sich ihre düstere Melancholie aus, die sie ohne ihr Wissen bedrückt und deren Poesie uns trifft, ohne sich ihnen zu erschliessen. Würde sie nicht die Eitelkeit von Zeit zu Zeit aus ihrer Lethargie wecken und tanzen lassen, würden sie selbst die Festtage verschlafen.

Hier entwische ich jedoch schon dem mir selbst gesetzten Rahmen. Ich vergesse, dass der geographische Artikel strenggenommen vor allem sämtliche Erzeugnisse und die Wirtschaft erwähnen und sich erst ganz zuletzt nach Ackerbau und Viehzucht mit der Spezies Mensch beschäftigen sollte.

In allen mir zur Verfügung stehenden geographischen Beschreibungen, habe ich unter "Balearen" den folgenden kurzen Hinweis gefunden, dessen Wahrheit ich hier bestätige, aber in späteren Betrachtungen abschwächen werde: "Diese Inselbewohner sind sehr liebenswürdig *(die menschliche Rasse teilt sich auf allen Inseln in zwei Gruppen: in die, die anthropophag [menschenfressend] sind und die, die sehr freundlich sind)*. Sie sind sanftmütig, gastfreundlich; sie begehen selten Verbrechen und Diebstahl ist bei ihnen fast unbekannt." Darauf werde ich wahrlich später zurückkommen.

Aber sprechen wir von den Erzeugnissen der Insel; ich glaube mich zu erinnern, dass kürzlich einige (zumindest unkluge) Äusserungen in der Kammer über die mögliche Besetzung Mallorcas durch die Franzosen gefallen sind. Gelangte diese Schrift in die Hände eines unserer Abgeordneten, würde er sich vermutlich wesentlich mehr für den die Erzeugnisse betreffenden Teil als für meine philosophischen Gedanken über die intellektuelle Situation der Mallorquiner interessieren.

Der mallorquinische Boden ist bewundernswert fruchtbar. Würde er gründlicher und fachgerechter bearbeitet, könnte der Ertrag verzehnfacht werden. Exportiert werden in der Hauptsache Mandeln, Orangen und Schweine. *"Oh, schöne Pflanzen der Hesperiden, bewacht von schmutzigen Drachen, es ist nicht mein Fehler, wenn ich gezwungen bin, die Erinnerung an Euch mit diesen abscheulichen Schweinen zu verbinden, auf die der Mallorquiner so eifersüchtig und stolz ist wie ihr auf eure duftenden Blumen und goldenen Äpfel!"* Aber der Mallorquiner, der euch kultiviert, ist eben auch nicht poetischer als der Abgeordnete, der meine Zeilen liest.

Ich komme also auf meine Schweine zurück. Diese Tiere, lieber Leser, sind die schönsten der Welt, und Doktor Miguel Vargas, zeichnet in naiver Bewunderung das Portrait eines jungen Schweines, das im zarten Alter von anderthalb Jahren stolze vierundzwanzig Arroben *(1 Arrobe = 11,502 kg.)* wog, also über 550 Pfund. Zu jener Zeit erstrahlte die Schweinezucht auf Mallorca noch nicht in dem Glanz wie heute. Der Viehhandel war von der Raffgier der Heereslieferanten bestimmt, denen die spanische Regierung die Verpflegung der Truppen anvertraute, also von ihnen kaufte. Durch ihre unbeschränkte Vollmacht unterdrückten diese Spekulanten jeglichen Rinderexport, behielten sich aber den freien und unbegrenzten Import vor.

Diese ausbeuterische Praxis führte dazu, dass den Landwirten die Zucht verleidet wurde. Da sie das Fleisch zu Spottpreisen verkaufen mussten und die Ausfuhr verboten war, konnten sie sich nur ruinieren oder die Rinderzucht vollständig aufgeben. Und so kam das Ende schnell. Der Historiker, den ich zitiere, beklagt, dass in Mallorca zur Zeit der Araber mehr trächtige Kühe und edle Stiere auf dem einzigen Berg von Artá zu finden waren als heute auf der gesamten Fläche Mallorcas.

Diese Misswirtschaft war nicht die einzige, die die natürlichen Reichtümer des Landes verringerte. Derselbe Autor berichtet, dass die Berge, besonders die von Torella und Galatzó, seinerzeit mit den schönsten Bäumen der Welt bestanden waren. Manche Olivenbäume hatten einen Umfang von 42 und einen Durchmesser von 14 Fuss. Aber diese wunderbaren Bestände wurden von den Zimmerleuten der Marine dezimiert, die für die spanische Expedition gegen Algier eine ganze Flotte Kanonenboote daraus schlugen. Die Schikanen, denen die Besitzer dieser Wälder ausgesetzt waren, und die schäbigen Entschädigungen, die sie dafür erhielten, führten dazu, dass die Mallorquiner ihre Wälder brachliegen liessen statt sie aufzuforsten. Dennoch ist die Vegetation auch heute noch so reich und so schön, dass der Besucher keinen Anlass hat, die Vergangenheit zu bedauern. Aber heute wie damals steht auf Mallorca wie in ganz Spanien die Willkür der Regierenden noch an erster Stelle aller Gewalten.

Indessen hört der Gast nie eine Klage, weil zu Beginn eines ungerechten Regimes der Schwache aus Angst schweigt und, wenn das Unheil geschehen ist, aus Gewohnheit weiter schweigt.

Obwohl es mit der Diktatur der Konzessionäre vorbei ist, hat sich die Viehzucht kaum davon erholt und wird es auch nicht, solange das Exportrecht nur auf den Handel mit Schweineherden begrenzt bleibt. Man sieht recht wenige Ochsen und Kühe auf der Ebene, überhaupt keine in den Bergen. Das Fleisch ist mager und zäh. Die Schafe sind von guter Rasse, aber schlecht gefüttert und schlecht gepflegt. Die Ziegen, eine afrikanische Rasse, geben nicht den zehnten Teil an Milch wie die unseren.

Der Erde fehlt Dünger und trotz aller Lobreden der Mallorquiner für ihre Art des Ackerbaus meine ich, dass die von ihnen verwendete Alge ein sehr magerer Dung ist. Die Felder sind weit von dem Ertrag entfernt, den sie bei einem so grosszügigen Klima erbringen könnten. Ich habe diesen so kostbaren Weizen, den zu essen die Einwohner sich nicht für würdig erachten, aufmerksam betrachtet: Es ist absolut der gleiche, den wir in unseren Zentralprovinzen anbauen und den unsere Bauern den weissen oder spanischen Weizen nennen. Er ist trotz des Klimaunterschiedes bei uns genauso gut. Der aus Mallorca sollte jedoch von merklich besserer Qualität sein als der, den wir unseren rauhen Wintern und wechselhaften Frühjahren abtrotzen. Schliesslich ist auch unsere Landwirtschaft sehr rückständig, in dieser Beziehung müssen wir alle lernen. Aber der französische Landwirt zeigt eine Beharrlichkeit und Energie, die der Mallorquiner schlicht als Verrücktheit verachten würde.

Feigen, Oliven, Mandeln und Orangen wachsen auf Mallorca in üppiger Fülle. Wegen der fehlenden Strassen im Inselinneren ist jedoch der Handel weit entfernt von dem, was an Umfang und Geschäftigkeit möglich wäre. 500 Orangen werden vor Ort um etwa 3 Francs verkauft; um aber diese umfangreiche Last auf dem Mulirücken vom Inneren an die Küste transportieren zu lassen, muss man fast nochmal soviel ausgeben wie die Ware wert ist. Das Transportproblem führt dazu, dass der Orangenanbau im Landesinneren vernachlässigt wird. Nur im Tal von Soller und bei den kleinen Buchten, wo unsere kleinen Marktschiffe beladen werden können, wachsen sie im Überfluss. Sie könnten jedoch überall gedeihen. An unserem Berg in Valldemossa, in einer der kühlsten Gegenden der Insel, hatten wir wunderbare Zitronen und Orangen, die nur eben etwas später reifen als in Soller. Ebenso haben wir in einem anderen bergigen Gebiet auf der Granja kopfgrosse Zitronen gepflückt. Mir scheint, als könne Mallorca allein ganz Frankreich mit diesen köstlichen Früchten zum gleichen Preis versorgen, den wir für die scheusslichen Orangen aus Hyères und von der genuesischen Küste zahlen müssen. Dieser auf Mallorca so gepriesene Handel ist wie alles andere Gegenstand einer geradezu einmaligen Vernachlässigung.

Gleiches gilt auch für die immensen Erträge an Oliven, die sicher die schönsten der Welt sind. Dank des arabischen Erbes können die Mallorquiner sie perfekt anbauen, aber leider daraus nur ein ranziges und Übelkeit hervorrufendes Öl pressen, das wir verabscheuten. Sie können es nur nach Spanien, wo man dieses widerliche Öl ebenfalls mag, in grossen Mengen exportieren. Aber das spanische Festland hat selbst sehr viele Olivenbäume, reichlich Olivenöl und wenn Mallorca ihm Öl liefern will, geht das nur zu einem sehr niedrigen Preis.

Wir verbrauchen in Frankreich enorme Mengen Olivenöl, doch ist unseres bei einem übertrieben hohen Preis von sehr schlechter Qualität. Wären unsere Ölverarbeitungsmethoden auf Mallorca bekannt und gäbe es Strassen oder wären schliesslich die Schiffsverbindungen in dieser Richtung gut organisiert, hätten wir ein wesentlich besseres Olivenöl als das, was wir heute teuer bezahlen. Wir hätten dann ein reines Olivenöl im Überfluss, wie streng der Winter auch immer wäre. Mir ist wohl bewusst, dass die Landwirte, die Oliven in Frankreich anbauen, lieber einige, wenige Tonnen dieser kostbaren Flüssigkeit zum Goldgewicht an unsere Lebensmittelhändler verkaufen, die es dann mit billigem Mohn- und Rapsöl panschen, um es uns als Olivenöl zu einem "besonders" günstigen Preis zu verkaufen. Es wäre jedoch absonderlich, dieses Erzeugnis hartnäckig dem rauhen Klima abzutrotzen, wenn es nur eine Tagesreise entfernt in viel besserer Qualität und preiswerter besorgt werden könnte.

Um unsere französischen Marktführer jetzt jedoch nicht zu sehr zu erschrecken: Wir müssten den Mallorquinern und wahrscheinlich auch den Spaniern generell versprechen, bei ihnen zu kaufen und ihren Reichtum zu verzehnfachen, ohne dass sie etwas an ihren Gewohnheiten ändern müssen. Sie verachten nämlich jeden aus dem Ausland kommenden "Verbesserungsvorschlag", insbesondere aus Frankreich, derart, dass ich nicht weiss, ob sie für Geld (das Geld, was sie indessen im allgemeinen absolut nicht verachten) etwas an den von ihren Vätern überkommenen Verfahren änderten.[1]

(1) Das von ihnen gewonnene Öl ist derart scheusslich dass die ganze Insel, Häuser, Menschen, Fahrzeuge, die Luft über den Feldern, alles mit seinem Gestank gesättigt ist. Da alle Gerichte damit zubereitet werden, verräuchert es jedes Haus zwei- bis dreimal täglich, und die Mauern sind damit getränkt. Wenn man sich mitten auf dem Land verirrt hat, muss man nur schnuppern. Wenn die Brise den Geruch von ranzigem Öl mitbringt, kann man sicher sein, daß hinter dem Felsen oder der Kaktushecke eine menschliche Behausung zu finden sein wird. Wenn einen dieser Gestank am wildesten und einsamsten Fleck verfolgt, muss man sich nur umschauen: hundert Schritt entfernt wird man einen Mallorquiner auf seinem Esel entdecken, der den Hügel hinunter und auf einen zukommt. Das ist kein Scherz und keine Übertreibung, das ist die schlichte Wahrheit.

DRITTES KAPITEL

Der Mallorquiner als solcher versteht sich weder auf Rindermast, noch auf Wollverwertung oder Kühemelken (er verachtet Milch und Butter ebenso wie die Industrie). Er weiss nicht, wie man ausreichend Weizen erzeugt, um ihn auch selbst verzehren zu können. Er lässt sich nur schwer bewegen, den Maulbeerbaum anzupflanzen und Seide zu gewinnen. Die Tischlerei, eine früher sehr florierende Kunst, ist heute völlig in Vergessenheit geraten. Sie halten keine Pferde mehr, denn das spanische Mutterland hat sich aller Fohlen Mallorcas für seine Armeen bemächtigt. Das zeigt, dass der friedliche Mallorquiner nicht so dumm ist, für die Versorgung der königlichen Kavallerie zu arbeiten. Er hält auch keine einzige Strasse, keinen einzigen brauchbaren Weg auf der ganzen Insel für erforderlich, da das Exportrecht der Willkür einer Regierung unterworfen ist, die keine Zeit hat, sich um solche Kleinigkeiten zu kümmern. So vegetierte der Mallorquiner dahin und hatte nichts weiter zu tun als seinen Rosenkranz zu beten, seine Beinkleider, schlechter als die des Don Quichote, seines Vorbildes in Not und Stolz, zu flicken - bis das Schwein als sein Retter erschien. Denn der Export dieses Vierfüsslers ist erlaubt, und damit hat die neue Zeit, die Ära des Wohlstands, begonnen.

Auf Mallorca wird die Nachwelt dieses Jahrhundert sicher zum "Zeitalter des Schweines" ernennen, so wie es in der Geschichte der Moslems das Zeitalter des Elefanten gibt.

Jetzt fallen Oliven und Johannisbrot nicht mehr von den Bäumen und verdorren in der Sonne, dient die Kaktusfeige den Kindern nicht mehr als Spielzeug, und die Familienmütter lernen, sparsam mit Saubohnen und Kartoffeln umzugehen. Das Schwein lässt keine Verschwendung zu. Das Schwein lässt nichts verkommen. Das Schwein ist das Paradebeispiel kritikloser Gefrässigkeit, ohne auf Geschmack und Sitte zu achten, das man Ländern anempfehlen könnte. Und auf Mallorca geniesst es Rechte und Privilegien, die kaum einmal den Menschen eingeräumt werden. Für das Schwein wurden die Höfe erweitert und besser durchlüftet. Die auf der Erde verfaulenden Früchte wurden aufgesammelt, sortiert und eingelagert. Schliesslich wurden sogar Schiffsverbindungen, die man zuvor als überflüssig und unvernünftig betrachtet hatte, zwischen Insel und Festland eingerichtet.

So verdanke ich es eigentlich sogar dem Schwein, dass ich die Insel Mallorca besuchen konnte. Wäre ich drei Jahre früher auf die Idee gekommen, nach Mallorca fahren zu wollen, hätte ich wegen der langen und gefährlichen Reise mit den Küstenfahrzeugen darauf verzichtet. Doch mit dem Export von Schweinen hat die Zivilisation auch auf Mallorca ihren Einzug gehalten.

Man hat in England einen netten kleinen Dampfer gekauft, der kaum gegen die in diesen Gegenden so fürchterlichen Nordwinde ankommt. Wenn jedoch das Wetter heiter ist, befördert er einmal pro Woche zweihundert Schweine auf den Markt nach Barcelona und nebenbei noch einige Passagiere.

Es ist herzerfrischend, zu beobachten, mit welcher Aufmerksamkeit und Zärtlichkeit diese Herrschaften (ich spreche mitnichten von den Passagieren) an Bord behandelt werden und mit welcher Sorgfalt man sie an Land setzt. Der Kapitän des Dampfers, ein äusserst liebenswürdiger Mann, hat dadurch, dass er mit diesen edlen Tieren lebt und spricht, schon ganz ihre Art, sich zu äussern und sogar etwas von ihrer Ungeniertheit übernommen. Wenn sich ein Passagier einmal über den Krach der Schweine beschwert, so antwortet der Kapitän, dass dies der Klang des auf der Theke rollenden Goldes sei. Wenn eine Frau zimperlich genug ist, den scheusslichen Geruch auf dem ganzen Schiff zu beanstanden, wird der Mann ihr gleich antworten, dass Geld

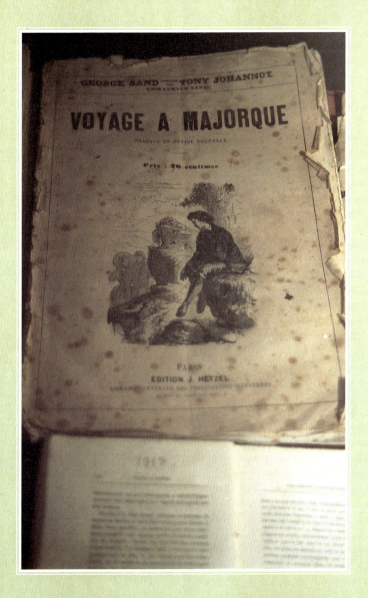

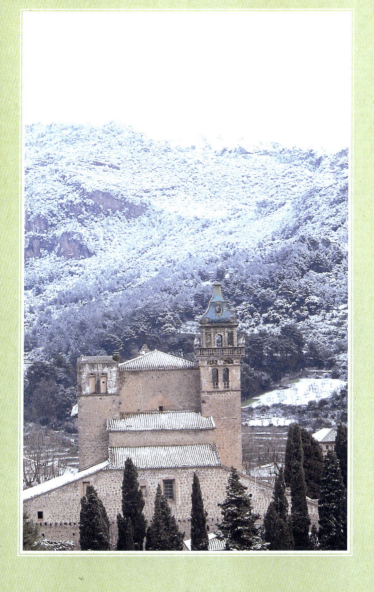

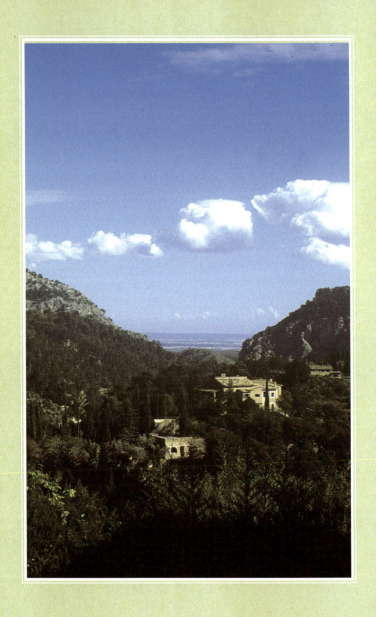

nicht im geringsten stinke und dass es für sie ohne das Schwein weder ein Seidenkleid noch einen französischen Hut oder eine Mantilla aus Barcelona gäbe. Wenn einer seekrank wird, darf er nicht auf die geringste Hilfe der Mannschaft hoffen, denn auch die Schweine sind seekrank. Diese Krankheit äussert sich bei ihnen durch besondere Apathie und Lebensüberdruss, was um jeden Preis bekämpft werden muss. Also wappnet sich der Kapitän gegen Mitgefühl und Sympathie, um seine lieben Freunde am Leben zu erhalten und wirft sich höchstpersönlich mit einer Peitsche bewaffnet mitten unter sie. Ihm folgen die Matrosen und Schiffsjungen und schwingen, was ihnen in die Hand fällt, sei es eine Eisenstange oder ein Tampenende. In Sekundenschnelle wird die ganze stumm auf der Seite lagernde Bande auf väterliche Weise ausgepeitscht. Das zwingt sie, aufzustehen und sich kräftig zu bewegen und so den verhängnisvollen Einfluss des Schlingerns des Schiffes zu bekämpfen.

Als wir im März bei erstickender Hitze von Mallorca nach Barcelona zurückfuhren, war es dennoch kaum möglich, einen Fuss an Deck zu setzen. Selbst wenn wir uns der Gefahr ausgesetzt hätten, von irgendeinem schlechtgelaunten Borstenvieh in die Beine gebissen zu werden, hätte der Kapitän uns zweifellos verboten, sie durch unsere Anwesenheit zu stören. Während der ersten Stunden verhielten sie sich sehr ruhig. Mitten in der Nacht jedoch stellte der Rudergänger fest, dass sie in einen apathischen Schlaf verfallen und die Beute schwarzer Melancholie geworden waren. Also verabfolgte man ihnen die

Peitsche. Regelmässig alle Viertelstunde wurden wir von den Schmerzensschreien und dem unerträglichen Wutgequieke der ausgepeitschten Schweine und von den ermutigenden Aufforderungen des Kapitäns an seine Leute, die mit ihm um die Wette fluchten, geweckt, so dass wir mehrmals glaubten, dass die Viecher die Mannschaft verschlängen.

Natürlich trachteten wir, als wir Anker geworfen hatten, danach, schnellstens von dieser seltsamen Gesellschaft fortzukommen und ich muss gestehen, dass mich die menschliche fast ebenso wie die tierische zu belasten begann. Wir aber durften erst nach dem Entladen der Schweine an die Luft. Wir hätten in unseren Kabinen ersticken können, ohne dass sich jemand darum geschert hätte, solange noch ein Schwein an Land zu setzen und vom Schlingern des Schiffes zu erlösen war.

Mir macht das Meer keine Angst, doch jemand aus meiner Familie war gefährlich krank. Die Schiffsreise, der schlechte Geruch und der mangelnde Schlaf hatten nicht dazu beigetragen, seine Leiden zu vermindern. Und der ehrenwerte Kapitän widmete uns gerade soviel Aufmerksamkeit, dass er uns höflich bat, den Kranken keinesfalls in das beste Bett der Kabine zu legen. Denn nach spanischem Vorurteil gilt eine jede Krankheit als ansteckend. Und da der gute Mann sich bereits mit dem Gedanken vertraut machte, das Kabinenbett, in dem der Kranke ruhte, verbrennen zu müssen, sollte es natürlich das schlechteste sein. Daraufhin schickten wir ihn zu seinen Schweinen zurück.

Vierzehn Tage später bei der Rückkehr nach Frankreich auf der *Phénicien*, einem unserer wunderschönen Dampfschiffe, verglichen wir die Zuvorkommenheit des Franzosen mit der Gastfreundlichkeit des Spaniers. Der Kapitän der *El Mallorquin* hatte einem Todkranken ein Bett streitig gemacht. Der Marseiller Kapitän hingegen befand, dass unser Kranker nicht gut genug liege und liess ihm die Matratzen seines eigenen Bettes holen... Als ich ihm unsere Passage bezahlen wollte, gab mir der Franzose zu verstehen, dass ich ihm zu viel gegeben hätte. Der Mallorquiner hatte mich doppelt zahlen lassen.

Ich will damit nicht sagen, dass der Mensch an einem Flecken unserer Erdkugel ausschliesslich gut und an einem anderen ausschliesslich schlecht ist. Die schlechte Moral der Menschheit ist schliesslich nur das Ergebnis des materiellen Notstandes. Leiden ruft Angst, Misstrauen, Betrug und Kampf nach allen Seiten hervor. Der Spanier, einfältig und abergläubisch wie er ist, glaubt an Ansteckung, er fürchtet die Krankheit und den Tod, ihm fehlen Glaube und Barmherzigkeit. Da er ein elendes und armes Leben führt und von der Steuer bis aufs Blut ausgepresst wird, ist er Fremden gegenüber gierig, egoistisch und betrügerisch. Wie die Geschichte aber zeigt, hat er immer dann Grösse gezeigt, wenn ihm die Gelegenheit gegeben war. Doch als Mensch unterliegt er im Privatleben der Versuchung, der er als Mensch unterliegen muss.

Diesen Grundsatz möchte ich vorausschicken, bevor ich auf die Menschen zu sprechen komme, die ich auf Mallorca kennengelernt habe. Man verzeiht mir hoffentlich, wenn ich nicht weiter von Oliven, Kühen und Borstenviechern sprechen will. Die Länge meiner vorherigen Ausführungen ist schon nicht vom besten Geschmack. Ich bitte alle um Verzeihung, die sich davon persönlich verletzt fühlen, und werde mich jetzt ernsthafter mit meinem Bericht befassen. Ich war der Meinung, ich brauche nur Monsieur Laurens Schritt für Schritt auf seiner *voyage d'art* zu folgen. Jetzt aber stelle ich fest, dass mich viele Erinnerungen überfallen werden, wenn ich in Gedanken wieder auf den unebenen Wegen Mallorcas wandere.

Mallorcas Unterwelt in den Höhlen, die der "Arxiduc", Erzherzog Ludwig Salvator, erforschen liess.

VIERTES KAPITEL

Wenn Sie nun einmal wirklich nichts von der Malerei verstehen, wird man fragen: *Was zum Teufel machen Sie dann auf dieser verfluchten Galeere?* Ich möchte dem Leser eigentlich möglichst wenig über mich und die Meinen erzählen. Doch wenn ich über die Erlebnisse auf Mallorca spreche, bin ich oft gezwungen, ich und wir zu verwenden. Damit will ich zufällige Subjektivität ausdrücken, da sich sonst die mallorquinische Objektivität in vielerlei Hinsicht gar nicht aufdecken liesse, um für den Leser von Nutzen zu sein. Ich bitte also darum, meine Person hier ganz passiv wie etwa eine Lesebrille zu betrachten, durch die man das Geschehen in diesen fernen Landen erlebt in Anwendung des Sprichwortes: "Ich möchte lieber glauben, als selber dorthin zu gehen und nachzuschauen." Ich bitte auch inständig darum, zu glauben, dass ich keine Anteilnahme für die mich betreffenden Missgeschicke wecken möchte. Wenn ich sie also nachvollziehe, dann gewissermassen in mehr philosophischer Art. Nach der Klarstellung meiner diesbezüglichen Absicht wird man mir gerechterweise zugestehen können, dass es hier nicht um die Beschäftigung mit mir selbst geht.

Ich werde also meinem Leser ohne Umschweife sagen, warum ich auf diese Galeere gegangen bin, und zwar ganz kurz: *"Ich hatte einfach Lust zu reisen."* Und ich stelle meinerseits die Frage: *"Wenn Sie auf die Reise gehen, lieber Leser, warum reisen Sie?"* Ich höre Sie mir antworten wie ich an Ihrer Stelle: *"Ich reise um des Reisens willen."* Ich weiss wohl, dass das Reisen an sich ein Vergnügen ist. Was aber treibt Sie letztendlich zu diesem ebenso kostspieligen wie ermüdenden und manchmal gefährlichen, immer mit unzähligen Enttäuschungen verbundenen Vergnügen? *"Das Bedürfnis, zu reisen."* Also gut, dann sagen Sie mir, was es denn mit diesem Bedürfnis auf sich hat. Warum sind wir alle mehr oder minder davon besessen und geben ihm nach, auch wenn wir immer wieder erkennen müssen, dass es uns stets vorantreiben und nie zufriedenstellen wird?

Wenn Sie mir nicht antworten wollen, werde ich es in aller Offenheit für Sie tun: Das liegt daran, dass wir uns heutzutage nirgendwo wirklich wohlfühlen, und von allen Gesichtern, die ein Ideal (oder wenn das Wort Sie stört, ein Gefühl des Besserseins) annimmt, schenkt das Reisen uns das meiste Lächeln und trügerischste Illusion. Im öffentlichen Leben stehen die Dinge nicht gerade zum besten. Wer das leugnet, spürt es ebenso stark und bitter wie die, die es zugeben. Indessen bleibt die göttliche Hoffnung bestehen und verrichtet ihr erhabenes Werk in unseren armen Herzen, flüstert uns immer dieses Gefühl des Besser-sein-Könnens, diese nie endende Suche nach dem Ideal, ein.

Die gesellschaftliche Ordnung, mit der nicht einmal ihre Verteidiger wirklich sympathisieren, befriedigt niemanden, und jeder zieht sich dahin zurück, wo es ihm zusagt. Der eine wirft sich auf die Kunst, der andere auf die Wissenschaft, die meisten betäuben sich so, wie sie es vermögen. Wir alle, die wir ein wenig Musse und Geld haben, reisen - oder besser flüchten -, denn es handelt sich weniger ums Reisen als ums Fortkommen, verstehen Sie? Wer von uns hätte nicht irgendeinen Schmerz zu vertreiben oder ein Joch abzuschütteln? Keiner.

Wer nicht vollkommen von der Arbeit in Anspruch genommen oder in Trägheit erschlafft ist, hält es nicht lange an einem Ort aus: Er leidet und sehnt eine Änderung herbei. Wenn jemand glücklich ist (dafür muss man heutzutage sehr gross oder sehr schlaff sein), vermeint er, noch glücklicher werden zu können, wenn er verreist. Die Liebenden, die Frischvermählten reisen in die Schweiz oder nach Italien ebenso wie die Müssiggänger und die Hypochonder. Mit einem Wort, jeder, ob lebenslustig oder dahinsiechend, ist von dem Fieber des ewigen Juden befallen und macht sich auf, um sich schnell ein Nest für die Liebe oder ein Lager zum Sterben in der Ferne zu suchen.

Ich will um Gotteswillen nichts gegen den Bewegungsdrang der Menschen sagen oder dass ich mir in Zukunft die Menschen festgebunden an ihr Land, die Erde, das Haus vorstelle, wie die Polypen an einem

Schwamm! Aber wenn die Intelligenz und die Moral in gleicher Weise mit dem industriellen Fortschritt mithalten sollen, so halte ich es auch nicht für die Bestimmung der Eisenbahnen, ganze Völkerstämme, die ein Spleen gepackt hat oder die von nahezu krankhafter Betriebsamkeit erfasst sind, von einem Ort zum anderen zu befördern.

Ich wünsche mir die menschliche Rasse glücklicher und infolgedessen gelassener und aufgeklärter. Sie führte zwei ineinander übergehende Leben: ein statisch-häusliches, in dem sie sich in ihrem Heim wohlfühlt, ihren Bürgerpflichten nachkommt, sich in Studien vertieft und sich der philosophischen Betrachtung widmet; und ein dynamisch-extrovertiertes, in dem anstelle des schändlichen Geschäftemachens ein ehrlicher Handel geführt, Kunst geschaffen, wissenschaftliche Recherchen angestellt und vor allem Wissen verbreitet wird. Nach meiner Meinung ist der eigentliche Zweck des Reisens die Befriedigung des Kontaktbedürfnisses, um Beziehungen aufzubauen und sich mit anderen Menschen auszutauschen. Sein Sinn liegt im ausgewogenen Verhältnis von Vergnügen und Pflicht. Doch scheint mir, dass die meisten von uns heute auf Reisen gehen auf der Suche nach dem Geheimnisvollen und der Einsamkeit. Die persönlichen Eindrücke, seien sie nun bezaubernd oder unangenehm, sieht unseresgleichen eher als verschleiernd an.

Ich persönlich habe mich aus einem Bedürfnis nach Ruhe, deren ich zu diesem Zeitpunkt besonders bedurfte, auf die Reise begeben. Da in dieser Welt, die wir uns geschaffen haben, für alles die Zeit fehlt, stellte ich mir wieder einmal vor, dass sich ein stiller und abgelegener Schlupfwinkel finden lassen müsste, an dem ich keine Briefe zu schreiben, keine Zeitungen zu überfliegen, keine Besuche zu empfangen hätte; wo ich mein Morgengewand nicht ablegen müsste, wo die Tage zwölf Stunden hätten, wo ich mich von allen Pflichten des *savoir-vivre* befreien könnte. Dort könnte ich mich von der geistigen Unruhe, die uns alle in Frankreich plagt, lösen und mich ein oder zwei Jahre lang ein wenig dem Studium der Geschichte widmen. Dabei könnte ich meine Kinder unsere Sprache von den Grundzügen her lehren.

Wer von uns hätte sich nicht schon einmal diesem egoistischen Traum hingegeben, einfach eines schönen Tages seine Geschäftsangelegenheiten, seine Gewohnheiten, seine Bekanntschaften, sogar seine Freunde im Stich zu lassen, um sich auf eine verzauberte Insel zurückzuziehen, sorglos zu leben, ohne Probleme, ohne Verpflichtungen und vor allem ohne Zeitungen? Man kann mit Fug und Recht behaupten, dass der Journalismus, dieses erste und letzte aller Dinge, wie schon Äsop gesagt hat, den Menschen eine ganz neue Dimension des Fortschritts geschaffen hat, mit seinen Vor- und Nachteilen. Diese menschliche Stimme, die uns jeden Morgen beim Erwachen berichtet, wie die Welt den Vortag erlebt hat, verbreitet dabei sowohl bedeutende Wahrheiten als auch hässliche Lügen. Sie zeichnet jedoch auch immer jeden Schritt der Menschheit auf und ertönt zu jeder Stunde des Gemeinschaftslebens. Ist das nicht etwas Grossartiges, allem Schmutz und Elend zum Trotz, das es beinhaltet?

Sicher ist das Pressewesen insgesamt für all unser Denken und Tun notwendig, doch ist es nicht gleichzeitig erschreckend und abstossend zu beobachten, dass allerseits Kampf herrscht, dass Wochen und Monate mit Kränkungen und Drohungen vergehen, ohne dass eine einzige Frage geklärt oder ein spürbarer Fortschritt erzielt wurde? In dieser Phase, die uns um so länger erscheint, wenn wir über alle Schritte minutiös informiert werden, überkommt die Künstler oft die Lust, da sie die Hand ja nicht am Ruder des Regierungsschiffes haben, erschöpft darin einzuschlafen und erst nach einigen Jahren wieder zu erwachen, um dann die neuen Gestade zu begrüssen, an die sie getragen wurden.

Könnten wir uns einige Zeit vom Gemeinschaftsleben fern- und uns jeglichen Kontaktes mit der Politik enthalten, wären wir bei unserer Rückkehr sicherlich verblüfft, welcher Fortschritt sich ausserhalb unseres Gesichtsfeldes vollzogen hat. Doch das ist uns nicht gegeben.

Wenn wir aus dem Zentrum des Geschehens flüchten, Vergessen und Ruhe bei einem Volk suchen, dessen Lebensart gemächlicher und dessen Geist gelassener ist als unserer, erleiden wir dort unvorhersehbares Ungemach, und wir bereuen es, die Gegenwart für die Vergangenheit und die Lebenden für die Toten verlassen zu haben.

So in etwa wird meine Erzählung beschaffen sein, und das ist der Grund, warum ich die Mühe des Schreibens auf mich nehme, obwohl ich es nicht gern tue und mir bei Beginn versprochen hatte, mich persönlicher Eindrücke soweit als möglich zu enthalten, aber jetzt scheint mir, als wäre es Feigheit und ich nehme es zurück.

FÜNFTES KAPITEL

Im November 1838 kamen wir in Palma an, wo es noch so warm war wie bei uns im Juni. Bei unserer Abreise, vierzehn Tage vorher, war das Wetter in Paris besonders kalt gewesen. Da hatten wir den ersten Wintereinbruch schon gespürt und waren froh, den frostigen Feind hinter uns zu lassen. Hinzu kam das Vergnügen, eine Stadt mit so ausgeprägtem Charakter und einer Vielzahl von besonders schönen oder seltenen Denkmälern durchstreifen zu können.

Doch erst einmal standen wir vor Schwierigkeiten bei der Suche nach einer Unterkunft und stellten fest, dass die Spanier, die uns Mallorca als besonders gastfreundliches Land mit grossen Möglichkeiten empfohlen hatten, ebenso wie wir einer Illusion zum Opfer gefallen waren. In einer so nah bei den grossen Zivilisationen Europas gelegenen Gegend waren wir kaum darauf gefasst, nicht eine einzige Herberge finden zu können. Das Fehlen einer Unterkunft für Reisende hätte uns gleich erkennen lassen müssen, wie es um die Zustände auf Mallorca im Vergleich zum Rest der Welt bestellt war. Das hätte uns veranlassen sollen, auf der Stelle nach Barcelona zurückzukehren, wo es wenigstens eine gemeine Herberge mit dem hochtrabenden Namen *Hotel de los Cuatro Naciones* gab.

In Palma muss man wenigstens zwanzig der wichtigsten Personen anempfohlen und bei ihnen möglichst seit mehreren Monaten angekündigt sein, damit man nicht im Freien kampieren muss. Alles, was für uns getan werden konnte, war, uns zwei kleine karg möblierte Zimmer in einer etwas verrufenen Gegend zu sichern, in denen die Fremden froh sein können, wenn sie jeder ein Gurtbett mit einer Matratze, weich und nachgiebig wie eine Schieferplatte, einen Stuhl mit Strohsitz und zum Essen Pfeffer und Knoblauch zur Verfügung haben.

In weniger als einer Stunde hatten wir begriffen, dass man uns schief angesehen, als ungezogen oder nörglerisch oder zumindest für verrückt gehalten hätte, wären wir von diesem Empfang nicht begeistert gewesen. Wehe dem, der in Spanien nicht mit allem zufrieden ist!

Wenn Sie auch nur die Miene verziehen, weil Sie Ungeziefer im Bett finden oder Skorpione in der Suppe, wird man Sie mit tiefster Verachtung strafen, und die allgemeine Empörung wird sich gegen Sie richten. Wir hüteten uns also davor, uns zu beschweren, und allmählich verstanden wir, was es mit dieser Knappheit an Lebensmitteln und dem offenkundigen Mangel an Gastfreundschaft auf sich hatte.

Zu der geringen Aktivität und Energie des Mallorquiners kam erschwerend hinzu, dass der Bürgerkrieg, der Spanien schon seit langer Zeit erschütterte, inzwischen jeglichen Verkehr zwischen den Bewohnern der Insel und des Festlandes zum Erliegen gebracht hatte. Möglichst viele Spanier hatten auf Mallorca Zuflucht gesucht. Die Einheimischen verschanzten sich in ihren Heimen und hüteten sich wohl, diese zu verlassen, um auf der Suche nach Abenteuern im eigenen Mutterland Prügel zu beziehen. Ausserdem fehlt jegliche Industrie und die Zollbehörden erheben übermässige Steuern[1] auf alles, was zum Wohlfühlen beiträgt. Palma ist auf eine bestimmte Anzahl Einwohner eingerichtet, und je grösser die Bevölkerung wird, desto enger rückt man zusammen. Man baut kaum etwas Neues. In den Häusern wird nichts renoviert, und ausgenommen bei vielleicht zwei oder drei Familien hat sich das Mobiliar in den letzten zweihundert Jahren kaum verändert. Das modische *Empire* ist unbekannt, ebenso wie das Bedürfnis nach Luxus oder den Annehmlichkeiten des Lebens. Einerseits ist da die Lethargie, andrerseits sind da die Geldschwierigkeiten, und so bleibt alles, wie es immer schon war. Man besitzt das absolut Notwendige, aber nichts Überflüssiges. Daher erschöpft sich die ganze hochgelobte Gastfreundschaft nur in Phrasen.

Auf Mallorca wie überall in Spanien hat sich eine Sitte eingeschlichen, mit der man sich ausgezeichnet um das Verleihen herumdrücken kann. Sie besteht darin, dem Gast alles anzubieten: Das Haus und alles, was sich darin befindet, steht Ihnen zur Verfügung. Sie können kein Bild anschauen, keinen Stoff berühren, keinen Stuhl anheben, ohne dass Ihnen gesagt wird: *Es a la disposición de Usted*. Aber hüten Sie sich wohl, auch nur eine Nadel anzunehmen, das wäre eine unverzeihliche Taktlosigkeit.

(1) Für ein Piano, dass wir aus Frankreich kommen liessen, sollten wir 1700 Francs für die Einfuhr bezahlen, was beinahe dem Wert des Instrumentes entsprach. Es war weder erlaubt, es zurückzuschicken noch, es bis zu neuer Anweisung im Hafen zu lagern. Es verstösst gegen das Gesetz, es aus der Stadt herauszubringen (wir befanden uns auf dem Lande), um zumindest die Torgebühren zu sparen, die nicht gleich Zollgebühren sind. Ebensowenig war es statthaft, es in der Stadt zur Vermeidung des Ausfuhrzolls zu lassen, der ein anderer als der Einfuhrzoll ist. Wir hätten es allerhöchstens ins Meer werfen können, wenn wir das Recht dazu gehabt hätten. Nach vierzehn Tagen zähen Verhandelns konnten wir es dann durch ein anderes Stadttor herausbringen lassen und kamen mit etwa 400 Francs davon.

Mir ist ein solcher Fauxpas gleich bei meiner Ankunft in Palma unterlaufen, und ich bin sicher, dass mir das in den Augen des Marquis de la Bastida immer nachhängen wird. Ich war diesem jungen palmesischen Salonlöwen empfohlen worden und glaubte, seinen Wagen, den er mir so liebenswürdig angeboten hatte, für eine Spazierfahrt annehmen zu können! Am nächsten Tag jedoch liess mich ein Briefchen von ihm erkennen, dass mein Benehmen nicht *comme il faut* gewesen war, und ich sandte den Wagen umgehend zurück, ohne ihn benutzt zu haben.

Wir trafen jedoch auch auf Ausnahmen von dieser Regel. Das allerdings waren Menschen, die auf Rei-

sen in der Welt herumgekommen und nicht typisch waren. In ihrer aufrichtigen Herzensgüte hätten sich einige sogar dazu bereit gefunden, uns eine Ecke ihres Hauses zu überlassen, dabei wären sie (man muss das zur Erläuterung dessen erwähnen, was der Zoll und die fehlende Industrie diesem so reichen Land zugefügt haben) in eine so unangenehme Lage geraten und Einschränkungen unterworfen gewesen, dass es wirklich sehr taktlos von uns gewesen wäre, hätten wir das Angebot angenommen.

Ihre diesbezüglichen Probleme vermochten wir erst dann richtig einzuschätzen, als wir uns auf Wohnungssuche begaben. Denn es war unmöglich, in der ganzen Stadt auch nur eine einzige bewohnbare Wohnung zu finden.

Eine Wohnung in Palma besteht nur aus vier absolut nackten Wänden ohne Türen und Fenster. In den meisten Bürgerhäusern sind in den Fenstern keine Glasscheiben eingesetzt. Wenn man sich dieser besonders im Winter erforderlichen Annehmlichkeit erfreuen will, muss man sich erst einmal den Rahmen anfertigen lassen. Beim Umzug (der kaum einmal stattfindet) nimmt nämlich jeder Mieter Türen, Fenster, seine Schlösser, sogar seine Türangeln mit. Sein Nachfolger ist dann gezwungen, zunächst alles durch seine eigenen zu ersetzen, zumindest, wenn er nicht mit viel Frischluft leben mag, was aber in Palma sehr häufig der Fall ist.

Es dauert mindestens sechs Monate, um sich nicht nur die Türen und Fenster machen zu lassen, sondern auch die Betten, Tische, Stühle, eben die ganze

Einrichtung, so einfach und primitiv sie sein mag. Es gibt auch nur einige wenige Handwerker, also dauert es, bis sie kommen. Dazu fehlt es ihnen sowohl an Werkzeug als auch an Material.

Für einen Mallorquiner gibt es keinen Grund, sich zu beeilen. Das Leben ist ja soo lang! Man muss schon Franzose sein, also extravagant und ungeduldig, um zu verlangen, dass eine Sache sofort gemacht wird. Wenn Sie schon sechs Monate gewartet haben, warum können Sie dann nicht weitere sechs Monate warten? Wenn Ihnen das Land nicht gefällt, warum bleiben Sie dann da? Man braucht Sie hier nicht! Man kommt gut auch ohne Sie aus. Sie glauben vielleicht, dass Sie hier alles umkrempeln können? Oh! Aber das nicht! Wir lassen Sie nämlich reden und tun dann doch, was wir wollen.

"Aber gibt es denn nichts zu mieten?" Mieten? Was soll das, Möbel mieten? Gibt es so viele davon, dass man sie vermieten kann? *"Aber gibt es denn keine Möbel zu kaufen?"* Verkaufen? Dazu müssten fertige da sein. Haben wir etwa Zeit übrig, um Möbel im voraus zu fertigen? Wenn Sie unbedingt welche wollen, lassen Sie sich doch welche aus Frankreich kommen, da gibt es ja alles!

Aber die Möbel aus Frankreich kommen zu lassen, dauert mindestens sechs Monate, doch damit nicht genug, denn obendrein müssen sie auch noch verzollt werden. Wenn man schon so dumm war, überhaupt hierher zu kommen, dann kann man diese Eselei eigentlich nur mit seiner sofortigen Abreise wieder ausbügeln? Das kann ich Ihnen nur raten - oder sie brauchen Geduld, Geduld und noch mehr Geduld: *Mucha calma.* Das ist die mallorquinische Weisheit.

Wir versuchten, uns diesen Rat zu Herzen zu nehmen, als man uns, sicher gut gemeint, den zweifelhaften Dienst mit dem Angebot erwies, ein Haus auf dem Land zu mieten.

Es handelte sich um die Villa eines reichen Bürgers, der uns für etwa 100 Francs im Monat sein gesamtes Anwesen überliess. Wir hielten den Preis für mässig, doch auf der Insel galt er als hoch. Es war wie alle dortigen Landhäuser möbliert, nämlich mit Gurtbetten oder Betten aus grün gestrichenem Holz, von denen einige nur aus zwei Böcken, über die man zwei Bretter und eine sehr dünne Matratze legte, bestanden. Die nackten Wände waren schön weiss gekalkt und, als Gipfel des Luxus, waren nahezu alle Fenster mit Scheiben verglast.

Im Salon genannten Raum befanden sich als Dekor vier grässliche Kaminschirme, wie man sie bei uns nur noch in den erbärmlichsten Dorfgasthöfen antrifft, die Señor Gomez, unser Vermieter, in seiner Naivität sorgsam wie kostbare Holzschnitte hatte rahmen lassen, um die Wände seines Landsitzes damit zu dekorieren. Ansonsten war das Haus geräumig, luftig (zu luftig), gut aufgeteilt und in bezaubernder Lage zu Füssen der Berge mit sanften, fruchtbaren Abhängen, am Ende eines üppigen Tales, mit Blick auf die sandfarbenen Mauern Palmas, seine gewaltige Kathedrale und das am Horizont glitzernde Meer.

Die ersten an diesem Zufluchtsort verbrachten Tage waren mit Spaziergängen und müssigem Herumschlendern ausgefüllt, zu dem uns das köstliche Klima und die bezaubernde, für uns ganz und gar neue Umgebung einluden.

Ich war niemals sehr fern von meiner Heimat, obwohl ich einen grossen Teil meines Lebens mit Reisen verbracht habe. Es war somit das erste Mal, dass ich auf eine Vegetation und Ausblicke stiess, die sich ganz und gar von denen in unseren gemässigten Breiten unterschieden.

In Italien landete ich an den Gestaden der Toskana, und aufgrund der grandiosen Vorstellung, die ich mir von dieser Landschaft gemacht hatte, liess mich deren pastorale Schönheit und heitere Anmut ungerührt. An den Ufern des Arno glaubte ich mich an den Gestaden unseres Indre, und mein Weg führte bis Venedig, ohne dass mich etwas erstaunte oder gar berührte. Doch auf Mallorca gab es für mich keinerlei Vergleichsmöglichkeit mit bereits Bekanntem. Die Menschen, die Häuser, die Pflanzen, bis hin zum geringsten Steinchen am Wege hatten ihre ganz eigene Art. Meine Kinder waren davon so verblüfft, dass sie alles sammelten und unsere Schrankkoffer mit den schönen Quarzsteinen und dem in allen Farben geäderten Marmor füllen wollten, mit denen die Einfriedungen aus Trockensteinen aufgeschichtet sind. Die Bauern, die uns alles bis hin zu trockenen Zweigen sammeln sahen, hielten uns entweder für Apotheker oder schlichtweg für Idioten.

SECHSTES KAPITEL

Die Insel verdankt ihre grosse landschaftliche Vielfalt den ständigen Bewegungen und Verschiebungen der Erde aufgrund von immer wiederkehrenden Naturkatastrophen seit Urzeiten. Und die Gegend von Establiments, wo wir jetzt wohnten, bot im Umkreis von einigen Meilen sehr unterschiedliche Landschaftsformen.

Auf den Hügeln um uns herum breitete sich die landwirtschaftliche Nutzfläche aus; es waren fruchtbare Böden, die in Terrassen formlos angeordnet um die Hügel herumliefen. Dieser Terrassenanbau ist auf der ganzen Insel dort üblich, wo ständig Regenfälle und plötzliches Hochwasser von den Bächen drohen. Er eignet sich hervorragend für Bäume und gibt dem Land das Aussehen eines bewundernswert gepflegten Obstgartens.

Zu unserer Rechten erstreckten sich sanft geneigte Hügel mit Weideland bis zu den mit Pinien bestandenen Bergen. Am Fusse dieser Berge fliesst im Winter und bei den Sommergewittern ein Gebirgsbach, der sich jedoch bei unserer Ankunft nur als

Geröllbett präsentierte. Aber die schönen Moose auf den Steinen, die kleinen Brücken, grün von Feuchtigkeit und rissig vom Sturzwasser und halb versteckt von den hängenden Zweigen der Weiden und Pappeln, ineinander verschlungene schlanke, dichte Bäume, die sich wie ein grünes Spalier von einem Ufer zum anderen neigten, ein dünnes Rinnsal, das geräuschlos zwischen den Binsen und Myrten hindurchlief, und stets kauerten dort einige Gruppen von Kindern, Frauen und Ziegen, das machte aus diesem Landstrich einen Anziehungspunkt für Maler. Jeden Tag sprangen wir im Bachbett herum und nannten dieses Fleckchen das Poussin, weil diese freie Natur voller Eleganz und stolzer Melancholie uns an die Landschaften erinnerte, die dieser grosse Meister so besonders geliebt zu haben scheint.

Einige hundert Schritte von unserem Refugium entfernt teilte sich der Bach in mehrere Läufe und schien sich in der Ebene zu verlieren. Die Zweige der Oliven- und Johannisbrotbäume drängten sich über den bestellten Feldern und gaben ihnen das Aussehen eines Waldes.

Auf den zahlreichen Hügelkuppen am Rande dieser Baumzone standen die herrlichen Bauernhäuser in grossartigem Stil, doch mit winzigen Ausmassen. Man kann sich nicht vorstellen, wie viele Scheunen, Schuppen, Ställe, Höfe und Gärten ein *pagès,* ein Bauer mit Landbesitz, auf einem Morgen Land unterbringt und wie er sie unwissentlich geschmackvoll anordnet.

Das Haus besteht normalerweise aus zwei Etagen mit einem flachen Dach, dessen vorgezogene Traufen eine offene Galerie überschatten, vergleichbar einer Reihe von Balken unter einem florentinischen Dach. Diese symmetrische Krönung gibt selbst dem hinfälligsten und ärmlichsten Bau noch den Anschein von Glanz und Kraft, und die enormen Maiskolbenbündel, die zum Trocknen aus jeder Öffnung der Galerie hängen, bilden mit den Tomatenketten eine schwere, abwechselnd rote und ambergelbe Girlande, was unglaublich üppig und kokett wirkt.

Gewöhnlich ist das Gemäuer von einer kräftigen Hecke aus Feigenkakteen umgeben, wobei die bizarren Kakteen eine ineinander verschlungene Mauer bilden, die die leichten Schutzhürden aus Schilf und Seegras für die Mutterschafe gegen die kalten Winde schützen. Da diese Bauern sich nie untereinander bestehlen, brauchen sie keinen weiteren Schutz für ihr Eigentum.

Ganze Wälder von Mandel- und Orangenbäumen umgeben den Garten. Darin werden nur Paprikapfeffer und Tomaten oder Knoblauch als Gemüse angebaut. Das ganze Ensemble bezaubert mit wunderbarer Farbigkeit, und oft entfaltet eine einzelne Palme in der Mitte majestätisch ihren Schirm zur Krönung des bezaubernden Anblicks der Behausung oder neigt sich mit Grazie darüber wie ein schöner Federbusch.

Hier liegt einer der blühendsten Landstriche der Insel. Die Gründe, die Monsieur Grasset de Saint-Sauveur in seiner Schrift *Voyage aux îles Baléares* dafür gefunden hat, bestätigen meine Beurteilung der Mängel bei der Landwirtschaft auf Mallorca im allgemeinen. Die Beobachtungen dieses kaiserlichen Beamten 1807, was die Lethargie und Unwissenheit der mallorquinischen Bauern angeht, liessen ihn nach den Gründen dafür suchen. Dabei stiess er auf zwei grundlegende Faktoren:

Zum einen sind es die zahllosen Klöster, die einen Teil der ohnehin schon spärlichen Bevölkerung vereinnahmten. Dieses Übel ist dank des drakonischen Enteignungserlasses von Don Mendizábal behoben, was ihm die Frommen Mallorcas aber wohl nie verzeihen werden.

Zum anderen ist es der Geist der Dienstbarkeit, der sie beherrscht und zu Dutzenden in die Dienste der Reichen und Adeligen zusammentrieb. Diesem Missstand wurde mitnichten abgeholfen. Jeder mallorquinische Aristokrat verfügt über ein zahlreiches Gefolge, dessen Unterhalt ihm sein Einkommen

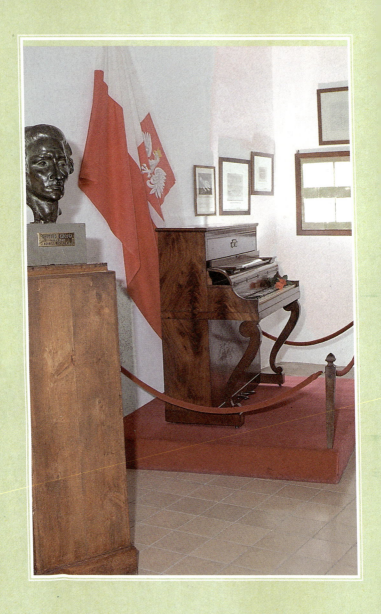

sarcasme je ne connais pas
de banquier à Palma. —
Puisque vous avez voulu, chérisfsm
prendre la corvée d'être mon
diteur — il faut que je vous avertis
qu'il y a encore des manuscrits
à vos ordres. 1° la ballade
que votre auc. dans les engagem
prodit pour l'Allemagne. —
Cette ballade j'la veux mille fr.
pour la France et l'Angleterre.
2° Deux polonaises dont vous
connaissez une en la — je veux
mille cinq cents fr. pour tous les
pays du globe. — 3° Un 3ème
Scherzo — même prix que les
Polonaises pour toute l'Europe
Ça vous arrivera — sur le doi

si vous le voulez de mois en mois
jusqu'à l'arrivée de l'auteur qui
vous dira plus qu'il ne sait
écrire. — Je n'ai eu de vos
nouvelles qu'indirectement par
Fontana qui m'a écrit que Mad
Allard mieux. — Les poètes sont
ici d'une organisation merveilleuse
J'attends 3 mois une lettre de ma
Varsovie. — Et les robes! —
M Pleyel? — M Mme Dancovges —
Dites leur toutes les meilleurs
souhaits pour l'année 39. — J'attends
une lettre de Nas — toute petite
toute petite — et vous aimer
comme toujours votre tout devoué
Chopin
Enclosez moi mon autographe
Valldemosa près Palma 22 Jan 1839

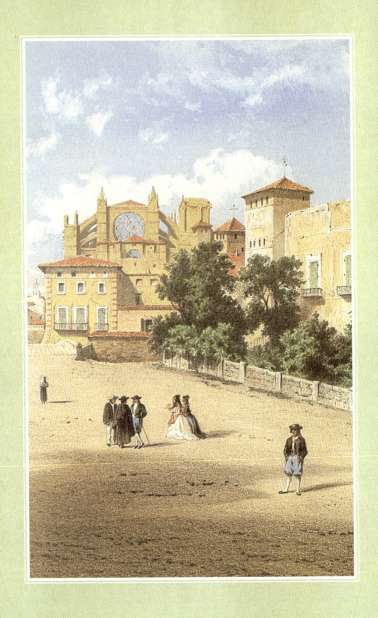

eigentlich gar nicht gestattet und ihm ausserdem praktisch keinen Nutzen bringt. Man kann unmöglich schlechter bedient werden als von dieser Art Bediensteter ehrenhalber. Wenn man sich fragt, wo ein reicher Mallorquiner sein Einkommen in einem Land, in dem es weder Luxusartikel noch Versuchungen irgendwelcher Art gibt, ausgeben kann, kommt man erst darauf, wenn man in seinem Haus all die nachlässigen Tagediebe beiderlei Geschlechts entdeckt, die einen zu diesem Zweck bestimmten Gebäudeteil besetzen. Nach einem Jahr im Dienst des Herrn haben sie bereits ein Leben lang Anrecht auf Unterkunft, Kleidung und Verpflegung. Wer sich aus diesem Dienst befreien will, muss dann nur auf einige Vorteile verzichten. Sie haben jedoch das Gewohnheitsrecht, weiterhin des Morgens kommen zu dürfen, um die Schokolade mit ihren alten Genossen zu teilen und, wie Sancho bei Gamache, an allen Festlichkeiten des Hauses teilzunehmen.

Auf den ersten Blick erscheinen diese Sitten patriarchalisch. Man möchte wirklich den republikanischen Geist in dieser Beziehung von Herrn und Diener bewundern. Man stellt aber bald fest, dass es sich hier um ein Republikanertum nach Art des alten Roms handelt. Die Diener sind durch Faulheit oder Not an die Eitelkeit ihrer Herren gefesselt. Das nämlich ist Luxus auf mallorquinische Art: fünfzehn Domestiken, die in einem Hausstand herumlungern, der höchsten zwei trägt. Wenn man dann das viele brachliegende Land sieht, die verlorenen Erwerbsmöglichkeiten dort, wo jede fortschrittliche Idee durch Dummheit und Trägheit verpönt ist, weiss man nicht, wen man mehr verachten soll, den Herrn, der so die moralische Erniedrigung seiner Mitmenschen unterstützt und fortführt, oder den sklavischen Bediensteten, der den erniedrigenden Müssiggang einer Arbeit vorzieht, die ihn eine der menschlichen Würde gemässe Unabhängigkeit wiederentdecken liesse.

Zuweilen geschah es, dass sich reiche mallorquinische Grundbesitzer, die feststellten, dass ihr Ausgabenbudget immer höher und die Einnahmen immer geringer wurden, dazu entschlossen, der groben Nachlässigkeit ihrer Pächter und der Hungersnot der Arbeiter abzuhelfen. Sie haben einen Teil ihrer Ländereien auf Leibrente an Bauern verkauft. Wie Monsieur Grasset de Saint-Sauveur feststellen konnte, stellte sich bei allen grossen Besitzungen, bei denen so verfahren wurde, heraus, dass die anscheinend unfruchtbare Erde plötzlich einen solchen Überfluss unter den Händen von Männern, die an ihrer Verbesserung interessiert waren, hervorbrachte, dass beide Vertragsparteien in wenigen Jahren auf ihre Kosten kamen.

Die diesbezüglichen Vorhersagen von Monsieur Grasset sind Wirklichkeit geworden. So ist aus der Gegend von Establiments heute ein riesiger Garten geworden, die Bevölkerung hat zugenommen, zahlreiche Häuser wurden auf den Hügeln errichtet, und die Bauern haben einen gewissen Wohlstand erreicht, was sie immer noch nicht viel gescheiter, aber geschickter bei der Arbeit gemacht hat. Es wird sicher noch Jahre dauern, bis der Mallorquiner tätig und fleissig wird. Wenn er, wie wir, die schmerzhafte Phase der individuellen Gewinnsucht durchmachen muss, um begreifen zu lernen, dass darin noch nicht das Ziel der Menschheit liegt, wollen wir ihm zum Zeitvertreib gern seine Gitarre und seinen Rosenkranz gönnen.

Aber zweifellos ist diesen Völkern in den Kinderschuhen ein besseres Schicksal als das unsere bestimmt. Wir werden sie eines Tages in die wahre Zivilisation einführen, ohne ihnen vorzuwerfen, wieviel wir für sie getan haben. Sie sind nicht gross genug, um den revolutionären Stürmen zu trotzen, die unser Streben nach Vervollkommnung über unsere Köpfe hat hereinbrechen lassen. Allein, verleugnet, verspottet und bekämpft von der restlichen Welt, haben wir riesige Fortschritte gemacht, doch der Lärm unserer gigantischen Kämpfe hat diese kleinen Völker, die im Schoss des Mittelmeers in Reichweite unserer Kanonen schlafen, nicht aus ihrem tiefen Schlaf wecken können.

Einmal kommt der Tag, an dem wir ihnen die Taufe der wahren Freiheit gewähren, sie werden sich zum Festmahl niedersetzen wie die Arbeiter der zwölften Stunde. Lassen Sie uns die Parole für unser gesellschaftliches Geschick finden, verwirklichen wir unsere grossen Träume. Wenn die umliegenden Nationen nach und nach in unsere revolutionäre Kirche eintreten, werden diese unglückseligen Inselbewohner, deren Schwäche sie immer wieder zur Beute der um sie streitenden und sie stiefmütterlich behandelnden Nachbarn macht, in unsere Gemeinde eilen.

Bis zu dem Tage, an dem wir als erste in Europa das Gesetz der Gleichheit für alle Menschen und der Unabhängigkeit für alle Völker proklamieren, regiert das Gesetz des Stärksten im Krieg oder des Geschicktesten im Spiel der Diplomatie die Welt.

Das Recht der Menschen ist nur ein Wort, das Geschick aller isolierten und geknechteten Völker wie

der Transsylvanier, der Türken oder der Ungarn

ist es, zur Beute des Siegers zu werden. Wenn es immer so bliebe, wünsche ich Mallorca weder Spanien noch England oder gar Frankreich als Schutzmacht. Ich interessierte mich ebensowenig für seine zufällige Weiterentwicklung wie für die seltsame Zivilisation, die wir in Afrika schaffen.

SIEBTES KAPITEL

Wir waren seit drei Wochen in Establiments, als die Regenzeiten begannen. Bis dahin war das Wetter herrlich gewesen. Die Zitronenbäume und die Myrten blühten noch, und in den ersten Dezembertagen blieb ich bis um fünf Uhr früh im Freien auf der Terrasse und genoss das Wohlbehagen bei einer köstlichen Temperatur. Das will schon etwas heissen, denn ich kenne niemanden auf der Welt, der so leicht fröstelt wie ich, und auch die Begeisterung für die schöne Natur kann mich der leichtesten Kälte gegenüber nicht unempfindlich machen. Im übrigen war meine Nachtwache trotz der anmutigen, vom Mondlicht beschienenen Landschaft und des Blumendufts, der zu mir aufstieg, nicht sonderlich aufregend. Ich war ja nicht wie ein Dichter auf der Suche nach Inspiration, sondern ein Müssiggänger, der nachsinnt und zuhört. Ich erinnere mich daran, dass ich intensiv damit beschäftigt war, die Geräusche der Nacht aufzunehmen und zuzuordnen.

Bekanntlich hat jeder Landstrich seine ganz individuellen Wohlklänge, seine Klagelaute, seine Schreie, sein geheimnisvolles Flüstern, und diese sinnliche Stimme der Dinge enthält nicht wenige charakteristische Merkmale, die den Reisenden aufmerken lassen. Das geheimnisvolle Plätschern des Wassers an den kühlen Marmorwänden, der schwere und gemessene Schritt der Büttel auf der Uferstrasse, der spitze und beinahe kindliche Schrei der Waldmäuse, die sich auf den schlammigen Steinplatten jagen und miteinander balgen, schliesslich alle die flüchtigen und eigentümlichen Geräusche, die in der dunklen Stille der Nächte in Venedig hörbar werden, gleichen überhaupt nicht dem monotonen Geräusch des Meeres, dem *quien vive* der Wachtposten und dem melancholischen Gesang der *sérénos*, der Nachtwächter in Barcelona. Der Lago Maggiore hat andere Wohlklänge als der Genfer See. Das Knacken der zerplatzenden Kiefernzapfen in den Schweizer Wäldern ist mit dem Knacken, das man auf Gletschern hört, überhaupt nicht zu vergleichen.

In Mallorca ist die Stille tiefer als andernorts. Sie wird nur gelegentlich unterbrochen, wenn die Eselinnen und Maultiere auf der Weide ihre Glocken schütteln, deren Klang heller und melodischer ist als bei den Glocken Schweizer Kühe. Der Bolero erklingt dort an den verlassensten Flecken und in den dunkelsten Nächten. Es gibt keinen Bauern, der nicht eine Gitarre hätte, die ihn zu jeder Stunde begleitet. Von meiner Terrasse aus hörte ich auch das Meer, aber so entfernt und so leise, dass mir die seltsam phantastische und ergreifende Poesie der Dschinn wieder in den Sinn kam.

J'écoute	Ich lausche,
Tout fuit	alles entflieht,
On doute	man zweifelt
La nuit	an der Nacht,
Tout passe;	alles vergeht;
L'espace	der Raum
efface	verwischt
le bruit	den Ton.

Auf dem benachbarten Bauernhof war das Geschrei eines kleinen Kindes zu hören und dann die Mutter, die es mit einem hübschen kleinen Volkslied, ziemlich traurig und recht arabisch, in den Schlaf sang. Doch andere, weniger poetische Stimmen sollten mich an die groteskere Seite Mallorcas erinnern.

Die Schweine erwachten und beschwerten sich über was weiss ich was. Doch der Bauer und Familienvater wurde durch die Stimmen seiner geliebten Schweine geweckt wie die Mutter vom Weinen ihres Säuglings. Ich hörte ihn den Kopf zum Fenster hinausstrecken und die Insassen des benachbarten Stalles mit Strenge zurechtweisen. Die Schweine verstanden ihn sehr wohl, denn sie verstummten. Wohl um wieder einzuschlafen, begann der Bauer, seinen Rosenkranz zu beten. Seine dumpfe Stimme hob und senkte sich wie das ferne Murmeln der Wellen, je nach dem Grad seiner Schläfrigkeit. Dann und wann liessen die Schweine ein wildes Grunzen los; der Bauer erhob dann die Stimme, ohne in seinem Gebet innezuhalten und die folgsamen Tierchen, beruhigt durch ein *Ora pro nobis* oder ein auf bestimmte

Weise ausgesprochenes *Ave Maria*, verstummten alsbald. Der Säugling lauschte vermutlich mit offenen Augen in einer Art Betäubung, in die unverständliche Geräusche den erwachenden Geist des Wesens in der Wiege versetzen, der in rätselhafter Weise im Innern arbeitet, ehe er sich bewusst äussert.

Doch nach diesen heiteren Nächten begann schlagartig die Sintflut. Eines Morgens, nachdem der Wind die ganze Nacht mit seinem langgezogenen Heulen unseren Schlaf begleitet hatte, während der Regen gegen die Glasscheiben trommelte, erwachten wir beim Lärm des Baches, der sich einen Weg durch sein steiniges Bett zu bahnen begann. Am nächsten Tag erhob er die Stimme noch lauter, und am übernächsten schob er die Steine, die ihm im Weg waren, herum. Die Bäume waren all ihrer Blüten beraubt, und der Regen rann in unsere schlecht abgedichteten Räume.

Es ist kaum verständlich, dass die Mallorquiner gegen die Sturm- und Regenplage so wenig Vorkehrungen treffen. Aus Einbildung oder Prahlerei leugnen sie sogar diese gelegentlichen echten Unfreundlichkeiten ihres Wetters. Bis zum Ende der zweimonatigen Sintflut, die wir zu ertragen hatten, blieben sie dabei, dass es auf Mallorca niemals regne. Hätten wir mehr auf die Lage der Berggipfel und die vorherrschende Windrichtung geachtet, hätten wir die unvermeidlichen Widrigkeiten, die uns bevorstanden, voraussahnen können.

Doch es harrte unser noch ein anderes Missgeschick, wie ich zuvor schon angedeutet habe, als ich meinen Bericht mit der Rückreise begann. Einer von uns wurde krank. Von sehr zarter Konstitution, bekam er bei einer starken Kehlkopfentzündung bald zu spüren, wie abträglich die Feuchtigkeit war. Das "Haus des Windes" (*Son Vent*), wie das uns von Señor Gomez vermietete Landhaus hiess, wurde unbewohnbar. Die Mauern waren so dünn, dass der Kalk, mit dem unsere Zimmer verputzt waren, sich vollsog wie ein Schwamm. Ich für mein Teil habe niemals derartig unter Kälte gelitten, obwohl es eigentlich nicht wirklich so kalt war. Aber da wir an Heizung im Winter gewöhnt sind, legte sich dieses Haus ohne Kamin wie ein eisiger Mantel um uns, und ich fühlte mich wie gelähmt.

Wir konnten uns nicht an den erstickenden Geruch der *braseros*, der Kohlenbecken, gewöhnen, und unser Kranker litt erst recht darunter und begann zu husten.

Von dem Moment an jagten wir der Bevölkerung Angst und Schrecken ein. Wir seien, wurde behauptet, erwiesenermassen von der Lungenschwindsucht befallen, und das war gemäss den Vorurteilen der spanischen Medizin so ansteckend wie die Pest. Ein reicher Arzt, der sich für die bescheidene Entlohnung von 45 Francs zu einem Besuch herabliess, erklärte jedoch, es liege keine ernsthafte Erkrankung vor. Er verschrieb auch kein Medikament. Sein Assistent, dem wir wegen seiner bevorzugten Verschreibung den Spitznamen *Malvavisco*[1] gaben, war so unsauber, dass unser Kranker sich nicht über-

---

[1] *Aufguß von Eibischtee.*

winden konnte, sich von ihm den Puls fühlen zu lassen. Wir waren bei *Diafoirus* [1].

Ein anderer Arzt kam uns zuvorkommenderweise zu Hilfe. Doch die Apotheke in Palma befand sich in einem so erbärmlichen Zustand, dass wir nur abscheuliche Medikamente erhielten. Im übrigen sollte sich die Krankheit aus Gründen verschlimmern, die weder mit Wissenschaft noch mit Pflege wirksam bekämpft werden konnten.

Wir hegten ernsthafte Sorgen wegen dieser ständigen Regenfälle und des daraus entstandenen Ungemachs, als wir eines Morgens einen Brief des erbosten Señor Gomez erhielten. Er erklärte uns in spanischem Stil, dass eine Person unter uns weile, die eine Krankheit habe, die ihn persönlich, Don Gomez, den verdammt hässlichsten Mensch der Welt, abstosse. Damit seien Keime der Ansteckung in sein Haus getragen, die Leben und Gesundheit seiner Familie bedrohten; daher bäte er uns, so schnell wie nur möglich aus seinem Palast zu verschwinden.

Wir bedauerten das nicht sonderlich, denn dort konnten wir ohnehin nicht länger bleiben, denn wir mussten befürchten, in unseren Zimmern zu ertrinken. Der Zustand unseres Kranken erlaubte jedoch keinen gefahrlosen Transport mit den in Mallorca vorhandenen Mitteln und bei dem herrschenden Wetter. Ausserdem wussten wir nicht wohin, denn das Gerede von unserer Schwindsucht hatte sich wie

---

[1] Aus Molière: "Der Eingebildete Kranke"; Vater und Sohn, beide unwissende Mediziner.

ein Lauffeuer verbreitet. Wir konnten nicht mehr darauf hoffen, irgendwo eine Unterkunft zu finden, nicht für Gold, nicht einmal für eine Nacht. Wir waren uns natürlich darüber im klaren, dass die freundlichen Menschen, die uns Quartier anböten, selbst der Verdammung anheimfielen und dass sie im übrigen, wenn wir zu ihnen gingen, ebenso als Aussätzige gelten würden wie wir. Ohne die Gastfreundschaft des französischen Konsuls, der Wunder vollbrachte, um uns alle unter seinem Dach unterzubringen, hätten wir wie die Zigeuner in irgendeiner Höhle Unterschlupf suchen müssen.

Ein weiteres Wunder geschah: Wir fanden ein Asyl für den Winter! In der Kartause von Valldemossa hielt sich ein spanischer Flüchtling aus mir unbekannten politischen Gründen versteckt. Beim Besuch der Kartause nahmen uns seine vornehmen Manieren und die melancholische Schönheit seiner Frau ebenso für sie ein wie die Art, in der sie ihre Zelle rustikal und dennoch komfortabel ausgestattet hatten. Die Poesie dieser Kartause hatte mir den Kopf verdreht. Es ergab sich, dass das geheimnisvolle Paar überstürzt die Insel verlassen wollte. Sie waren ebenso erfreut, uns die Zelle samt Mobiliar überlassen zu können, wie wir über deren Erhalt. Für die bescheidene Summe von 1000 Francs erhielten wir also einen kompletten Hausstand. In Frankreich hätten wir ihn für 100 Taler bekommen, so rar, teuer und schwierig ist die Beschaffung lebensnotwendiger Gebrauchsgegenstände auf Mallorca.

Zuvor verbrachten wir vier Tage in Palma; dieses Mal verliess ich kaum je den Kamin, den der Konsul zu seinem Glück besass (es goss immer noch in Strömen), doch werde ich hier meinen Bericht mit einer Beschreibung der Hauptstadt Mallorcas unterbrechen. Dabei soll dem Leser nun jedoch Monsieur Laurens, der sie im darauffolgenden Jahr erforschte und in ganz wunderbaren Zeichnungen wiedergab, als kompetenter *Cicerone* dienen.

Zweiter Teil

ERSTES KAPITEL

Obwohl Mallorca vierhundert Jahre von den Mauren besetzt war, sind kaum noch echte Spuren aus dieser Zeit vorhanden. Nur ein kleiner Baderaum [1] in Palma legt heute noch Zeugnis von der maurischen Zeit ab.

Auch die Römer und die Karthager haben nur spärliche Spuren hinterlassen. Von letzteren sind nur einige Trümmer bei der ehemaligen Hauptstadt Alcudia und von den ersten die Sage von Hannibals Geburt übrig geblieben, die Monsieur Grasset de Saint-Sauveur aber auf die mallorquinische Überheblichkeit zurückführt, auch wenn es nicht ganz unwahrscheinlich wäre [2].

---

[1] *Die Banys Arabs, die arabischen Bäder.* - [2] *"Die Mallorquiner behaupten, daß Hamilcar und seine schwangere Frau auf dem Weg von Afrika nach Katalunien an einer Landspitze der Insel anlegten, wo ein der Lucina (röm. Göttin der Geburtshilfe) gewidmeter Tempel stand, und daß Hannibal dort geboren wurde. Diese Erzählung taucht in der "Geschichte von Mallorca" von Dameto auf (Grasset de Saint-Sauveur).*

Der maurische Stil jedoch erhielt sich auch noch in den unbedeutendsten Bauelementen. Monsieur Laurens war also aufgefordert, alle von seinen Vorgängern begangenen Fehler auszubügeln, damit ungebildete Reisende wie ich nicht glauben, bei jedem Schritt auf authentische Spuren der arabischen Architektur zu stossen.

"Ich bin," so sagt Monsieur Laurens, "in Palma auf kein einziges wirklich altes Haus gestossen. Die architektonisch und historisch interessantesten schienen alle aus dem beginnenden 16. Jahrhundert zu stammen. Die graziöse und brillante Kunst dieser Epoche aber zeigt sich nicht in der gleichen Form wie in Frankreich.

Bei diesen Häusern befindet sich über dem Erdgeschoss nur ein Stockwerk und ein sehr niedriger Speicher[1]. Von der Strasse her besteht der Eingang aus einem Rundbogentor ohne Ornamente, das jedoch seine Ausmasse und die grosse Zahl der strahlenförmig um ihn herum angeordneten Quader prachtvoll aussehen lassen. Die grossen Räume in der ersten Etage erhalten ihr Licht durch hohe Fenster, die durch überschlanke Säulen unterteilt sind, was sie sehr arabisch aussehen lässt.

Dieses Stilelement ist so ausgeprägt, dass ich mehr als zwanzig ganz identisch gebauter Häuser besuchen und sie in allen Bauteilen untersuchen musste, um mich zu vergewissern, dass diese Fenster

(1) Das sind keine richtigen Speicher, sondern eher Trockenböden, die "porchos" genannt werden.

nicht aus den Wänden dieser wahrlich zauberhaften maurischen Paläste herausgerissen waren, von denen uns die Alhambra in Granada als grossartiges Beispiel geblieben ist.

Ausschliesslich auf Mallorca habe ich Säulen gefunden, die sechs Fuss hoch sind mit einen Durchmesser von nur drei Zoll. Einen arabischen Ursprung hatten mich die Zartheit des Marmors, aus dem sie bestehen, und die sie überragenden geschmackvollen Kapitele vermuten lassen. Wie dem auch sei, der Anblick dieser Fenster ist so hübsch wie originell.

Der Speicher, der die obere Etage bildet, ist eine Galerie oder besser eine Abfolge von nebeneinander liegenden Fenstern und eine exakte Nachbildung des Dachfrieses der Lonja. Ein weit vorgezogenes und von kunstvoll geschnitzten Balken getragenes Dach schützt dieses Stockwerk vor Regen oder Sonne, und die langen Schatten, die es auf das Haus wirft, und der Gegensatz der braunen Masse des Gebälks zu den leuchtenden Farbtönen des Himmels erzeugen witzige Lichtwirkungen.

Die sehr geschmackvoll gearbeitete Treppe befindet sich in einem zentralen Innenhof des Hauses und wird vom Strasseneingang durch einen Vorhof mit bemerkenswerten Pilastern getrennt, deren Kapitele mit gemeisseltem Blattwerk oder mit von Engeln gestützten Wappen geschmückt sind.

Noch ein Jahrhundert nach der Renaissance haben die Mallorquiner beim Bau ihrer Privatwohnungen einen grossen Aufwand getrieben. Bei stets gleicher Anordnung wurden in den Vorhallen und an den Aufgängen die in der Architektur gängigen Geschmacksrichtungen berücksichtigt. Daher stösst man überall auf toskanische oder dorische Säulen. Die Freitreppen und Balustraden verleihen den Palästen der Aristokratie stets ein prunkvolles Aussehen.

Vorliebe für Ornamente an Treppenaufgängen und Reminiszenzen an den arabischen Geschmack tauchen auch in den bescheidensten Behausungen wieder auf, selbst dann, wenn nur eine einzige Stiege direkt von der Strasse in den ersten Stock führt. Dann ist jede Stufe mit Fayence-Fliesen, bemalt mit leuchtenden Blumen in Blau, Gelb oder Rot, belegt."

Diese Beschreibung ist sehr zutreffend, und die Zeichnungen von Monsieur Laurens spiegeln die Eleganz dieser Innengestaltung wieder, deren Säulengänge unseren Theatern schöne Dekors von äusserster Einfachheit lieferten.

Die kleinen mit Fliesen gepflasterten Höfe, die manchmal wie der *Cortile* der Paläste in Venedig von Säulen eingerahmt sind, haben in der Mitte häufig einen ganz schlichten Brunnen. Sie sehen weder genauso aus, noch erfüllen sie denselben Zweck wie unsere schmutzigen und kahlen Höfe. Sie führen nie zu den Pferdeställen oder den Schuppen. Das sind echte Innenhöfe, vielleicht eine Erinnerung an das Atrium der Römer. Man stösst eigentlich auf das *prothyrium et cavoedium,* und der Brunnen in der Mitte nimmt offensichtlich den Platz des *impluviums* ein.

Wenn diese Innenhöfe mit Blumentöpfen und Binsenmatten ausgeschmückt sind, wirken sie sowohl elegant als auch streng. Diese Poesie entgeht indessen den mallorquinischen Herren, denn sie entschuldigen sich fast immer für das hohe Alter ihrer Wohnsitze. Bewundert man hingegen den Stil, so lächeln sie und meinen, man würde sich über sie lustig machen oder sie verachten vielleicht innerlich den leichten Überschwang der französischen Höflichkeit.

Im übrigen sind die Häuser der mallorquinischen Aristokraten keineswegs rundum poetisch. Bei bestimmten unappetitlichen Einzelheiten, deren Beschreibung mich in Verlegenheit brächte, müsste ich zumindest wie Jacquemont, als er von den indischen Sitten sprach, meinen Brief in Latein beenden.

Da ich das Lateinische nicht beherrsche, mögen alle an derlei Interessierten bei Monsieur Grasset de Saint-Sauveur nachlesen. Er ist nicht ganz so seriös wie Monsieur Laurens, aber in seiner Beschreibung hinsichtlich der Lage der Fliegenschränke auf Mallorca und in den alten Häusern Spaniens und Italiens sehr wahrheitsgetreu. Dieser Absatz enthält auch den Verweis auf eine der seltsamsten medizinischen Vorschriften in Spanien, die in Mallorca noch heute in Kraft ist. Das Innere dieser Paläste entspricht in keiner Weise dem Äusseren. Nichts kennzeichnet eine einzelne Person ebenso wie eine Nation mehr als die Anordnung und die Einrichtung ihrer Räume.

In Paris, wo die Launen der Mode und der Überfluss an Gebrauchsgegenständen viele Facetten in

Aussehen und Einrichtung einer Wohnungen zulassen, muss man nur in die eines gutsituierten Menschen treten, um sich augenblicklich eine Vorstellung seines Charakters machen zu können. Es lässt sich leicht herausfinden, ob er Geschmack oder Ordnungssinn hat, geizig oder nachlässig, methodisch oder romantisch, gastfreundlich oder prahlerisch ist.

Ich habe da mein System wie jeder andere auch, was aber weder Sie noch mich daran hindert, uns ebenso oft in den Rückschlüssen zu irren.

Mich stösst vor allem ein Raum ab, dessen karges Mobiliar exakt ausgerichtet ist. Wenn dort nicht jemand mit grosser Intelligenz und einem grossen Herzen wie in einem Zelt wohnt, weit entfernt von allen materiellen Belangen, so meine ich, muss sein Bewohner ein Hohlkopf mit kaltem Herzen sein.

Ich begreife nicht, wie man in vier Wänden wirklich wohnen und nicht das Bedürfnis haben kann, ihre Leere zu füllen, sei es mit Holzscheiten und Körben, und etwas Lebendiges um sich herum zu haben, und sei es nur eine armselige Levkoje oder einfach ein Spatz.

Leere und Starre lassen mich zu Eis erstarren, Symmetrie und strikte Ordnung berühren mich schmerzlich ob ihrer Traurigkeit. Wenn ich mir die ewige Verdammnis vorstellen könnte, wäre es sicherlich meine Hölle, bis in alle Ewigkeit in gewissen Landhäusern leben zu müssen, in denen die perfekteste Ordnung herrscht, wo nichts jemals umgestellt wird, wo man nichts herumliegen sieht, wo nichts abgenutzt oder angeschlagen ist, und wo kein Tier unter dem Vorwand hereindarf, dass die lebenden die toten Dinge ruinieren. Sollen doch alle Teppiche der Welt zerfetzt werden, wenn ich sie nur unter der Bedingung geniessen kann, dass nie ein Kind, ein Hund oder eine Katze darauf herumspringen darf.

Diese strikte Sauberkeit entspringt nicht etwa einem echten Hang zur Sauberkeit, sondern einer übermässigen Faulheit oder schlicht schäbiger Sparsamkeit. Mit ein bisschen mehr Umsicht und Geschick könnte eine Hausfrau nach meinem Geschmack eine Sauberkeit in der Wohnung aufrechterhalten, auf die ich auch nicht mehr verzichten möchte.

Doch was soll man von der Moral und dem Wesen einer Familie halten, deren Heim leer und leblos ist, ohne dass die Sauberkeit als Entschuldigung oder als Vorwand dient?

Man kann sich leicht einmal, wie soeben gesagt, bei den individuellen Urteilen irren, doch schwerlich bei den allgemeinen Rückschlüssen. Der Charakter eines Volkes zeigt sich in seiner Kleidung und in seiner Einrichtung ebenso wie in seinen Gesichtszügen und in seiner Sprache.

Als ich Palma bei der Wohnungssuche durchstreifte, kam ich in ziemlich viele Häuser, die einander so genau glichen, dass ich von daher auf einen allgemeingültigen Charakterzug ihrer Bewohner schliessen konnte. Beim Betreten dieser Räume schnürte sich mir die Kehle vor Missvergnügen und Überdruss zu, weil ich nur nackte Wände, fleckige und staubige Fliesen und wenige ungepflegte Möbel sah. Alles trug den Stempel von Gleichgültigkeit und Untätigkeit, nirgendwo ein Buch, eine Handarbeit. Die Männer lesen nicht, die Frauen nähen nicht einmal. Das einzige Anzeichen häuslicher Tätigkeit ist der Geruch nach Knoblauch, der verrät, dass gekocht wird. Die einzigen Spuren eines intimen Zeitvertreibs sind die auf dem Boden verstreuten Zigarrenstummel.

Das fehlende geistige Leben macht aus der Wohnung etwas Totes und Hohles. Bei uns gibt es nichts Entsprechendes, so dass die Mallorquiner eher den Afrikanern als den Europäern ähneln.

Alle diese Häuser, die Generationen nacheinander bevölkerten, ohne etwas an ihrer Umgebung zu ändern und ohne den Dingen, die gemeinhin unser menschliches Leben beeinflussen, einen individuellen Stempel aufzudrücken, machen eher den Eindruck von Karawansereien denn von echten Behausungen. Während die unseren den Eindruck eines Nestes für die Familie vermitteln, scheinen jene Unterkünfte zu sein, in die nomadisierende Gruppen sich gleichgültig zur Nacht zurückziehen. Wie ich von Kennern Spaniens erfuhr, verhält es sich auf dem Festland im allgemeinen ebenso.

Wie gesagt, deuten der Säulengang oder das Atrium der Paläste der *Cavallers* (so nennen sich die Aristokraten Mallorcas noch immer) auf grosse Gastfreundschaft und sogar Wohlstand hin. Aber sobald man den eleganten Treppenaufgang hinter sich gelassen hat und ins Innere gelangt, glaubt man sich an einem Ort, der nur zur *Siesta* bestimmt ist. Riesige Säle, meist in Form eines länglichen Vierecks, sehr hoch, sehr kalt, sehr düster, ganz kahl, weiss gekalkt, bar jeglicher Dekoration ausser grossen altersgeschwärzten Familienporträts, die in einer Reihe ausgerichtet so hoch hängen, dass man darauf nichts erkennen kann. Vier oder fünf Stühle, bespannt mit speckigem und wurmzerfressenem Leder, verziert mit groben vergoldeten Nägeln, die seit zweihundert Jahren nicht mehr geputzt sind. Valencianische Matten oder auch nur ein paar langhaarige Schaffelle sind hie und da über die Fliesen geworfen. Einige sehr hoch angebrachte und mit dichten Vorhängen verhangene Fenster, grosse Türen aus dem gleichen schwarzen Eichenholz wie auch die Deckenbalken, manchmal eine schwere antike Portiere aus Goldbrokat mit dem Familienwappen reich bestickt, doch angelaufen und zerfressen vom Zahn der Zeit: So sind die mallorquinischen Paläste innen. Man sieht kaum einmal einen anderen Tisch als den Esstisch. Spiegel sind äusserst selten und wirken auf diesen gewaltigen Täfelungen so winzig, dass sie nicht zur Helligkeit der Räume beitragen.

Den Hausherrn trifft man stehend und in tiefem Schweigen rauchend an. Die Dame des Hauses sitzt in einem grossen Sessel, spielt mit dem Fächer und denkt an nichts. Kinder sieht man nie; sie leben mit den Domestiken, in der Küche oder auf dem Speicher, was weiss ich. Die Eltern kümmern sich nicht darum. Ein Kaplan kommt und geht, was immer er im Hause auch tut. Die zwanzig oder dreissig Diener machen eine *Siesta*, während eine alte erzürnte Dienerin dem Besucher die Tür erst beim fünfzehnten Läuten öffnet, solche Lebensart entbehrt sicherlich nicht eines gewissen Charakters, gemäss der unbegrenzten Auslegung dieses Wortes heutzutage. Verdammte man jedoch den ruhigsten unserer Bürger dazu, so zu leben, würde er sicherlich vor Verzweiflung ausrasten oder vom Geist der Rebellion erfasst.

ZWEITES KAPITEL

ie drei bedeutendsten Bauwerke von Palma de Mallorca sind die Kathedrale *la Seu, la Lonja*, die alte Schifffahrts- und Handelsbörse, und der *Palacio Real*, der Königliche Palast.

Die Kathedrale, die von den Mallorquinern König Jaime I., dem Eroberer, zugeschrieben wird, ihremm ersten christlichen König - sozusagen ihr "Karl der Grosse"-, wurde tatsächlich während seiner Regierungszeit begonnen, doch erst 1601 fertiggestellt. Von Klarheit gezeichnet, ist sie vollständig aus sehr fein gekörntem Kalksandstein in einem schönen Bernsteinton erbaut.

Bei der Ankunft im Hafen wirkt dieser imposante Klotz am Meeresrand ausserordentlich beeindruckend. Stilistisch bemerkenswert ist einzig das Südtor, das Monsieur Laurens als schönstes Beispiel der Gotik, das er je zu zeichnen die Gelegenheit hatte, bezeichnete. Das Innere ist ausserordentlich streng und düster. Da der Wind vom Meer her heftig und ungehindert durch die breiten Öffnungen des

Hauptportals hereinfuhr und Bilder und lithurgische Gefässe während der Gottesdienste um-warf, hat man die Türen und Rosetten auf dieser Seite zugemauert. Das Schiff der Kathedrale hat nicht weniger als 540 *palmos* Länge auf 375 in der Breite.

In der Mitte des Chores befindet sich ein sehr schlichter Marmorsarkophag, den man für die Fremden öffnet, um ihnen die Mumie von Jaime II. zu zeigen. Der Sohn des *conquistador* war ein frommer Mann. Er war so schwach und sanft wie sein Vater unternehmungslustig und kriegerisch gewesen war.

Die Mallorquiner behaupten von ihrer Kathedrale, sie sei wesentlich höher als die von Barcelona. Ebenso halten sie ihre Lonja für unendlich viel schöner als die von Valencia. Letzteres habe ich nicht nachgeprüft; aber der erste Vergleich ist völlig unhaltbar.

In der einen wie in der anderen Kathedrale stösst man auf eine sonderbare Trophäe, die die meisten spanischen Erzbischofssitze schmückt: ein grauenhafter, turbanbedeckter Maurenkopf aus bemaltem Holz, der den Hängezwickel an der Orgel abschliesst. In dieser Darstellung trägt der abgeschlagene Kopf häufig einen langen weissen Bart, der von unten rot bemalt ist, um das unreine Blut der besiegten Ungläubigen zu symbolisieren.

Die Schlusssteine der Gewölbe in den Kirchenschiffen zieren zahlreiche Wappenschilde. Die mallorquinischen Ritter liessen sich das Privileg, ihre Wappen im Hause Gottes anbringen zu dürfen, eine Menge kosten.

Dank dieser auf die Eitelkeit erhobenen Steuer konnte die Kathedrale schliesslich in einem Jahrhundert fertiggestellt werden, in dem die Frömmigkeit bereits nachliess. Es wäre jedoch ungerecht, nur den Mallorquiner dieser Schwäche zu zeihen, die in jener Epoche auch anderen gläubigen Edelleuten in der Welt zu eigen war.

Die *Lonja* ist ein historisches Baudenkmal, das mich hauptsächlich durch seine eleganten Proportionen und seine Originalität verblüfft hat. Es zeichnet sich durch perfekte Ausgewogenheit und sehr geschmackvolle Schlichtheit aus.

Diese Börse wurde in der ersten Hälfte des 15. Jahrhunderts gebaut. Vom bekannten Jovellanos existiert eine sorgfältige Beschreibung, die die Aufmerksamkeit der Öffentlichkeit durch eine sehr interessante, im *Magasin Pittoresque* veröffentlichte Zeichnung erregte. Der Innenraum besteht aus einem einzigen riesigen Saal, der von sechs eleganten, spiralförmig kannelierten Säulen getragen wird.

Als Treffpunkt der Kaufleute und der zahlreichen, nach Palma strömenden Seeleute zeugt die Lonja vom einstigen Glanz des mallorquinischen Handels. Heutzutage wird sie nur noch für öffentliche Festlichkeiten benutzt. Es wäre interessant gewesen, die Mallorquiner in den prunkvollen Gewändern ihrer Ahnen zu sehen, wie sie sich gemessen in diesem antiken Ballsaal tummeln. Doch der Regen hielt uns in den Bergen gefangen, so dass wir am Karneval nicht teilnehmen konnten. Er ist zwar nicht so bekannt, aber vielleicht weniger trist als der von

Venedig. So sehr mich die Lonja auch begeisterte, so hat sie in meinen Erinnerungen doch den *Cadoro*, dieses anbetungswürdige Juwel von altem Börsenhaus über dem *Canale Grande*, nicht ersetzen können.

Der *Palacio Real* von Palma soll 1309 erbaut worden sein. Monsieur Grasset de Saint-Sauveur hält ihn zweifellos für römisch-maurisch, was imperialistische Gefühl in ihm weckte. Monsieur Laurens zeigt sich verwirrt von den kleinen Zwillingsfenstern und den rätselhaften Säulchen, die er an diesem Baudenkmal untersuchte.

Wäre es also zu kühn, diese Stilbrüche bei vielen mallorquinischen Bauten damit zu erklären, dass antike Fragmente in später errichtete Gebäude eingesetzt wurden? Der Zeitgeschmack der Renaissance führte in Frankreich und Italien dazu, dass Medaillons und echte griechische und römische Flachreliefs in die Verzierungen der Skulpturen eingefügt wurden. Ebenso liegt es auch nahe, dass die Christen auf Mallorca, nachdem alle maurischen Bauten[1] geschleift waren, aus deren prachtvollen

---

[1] *Die Einnahme und Plünderung Palmas durch die Christen im Dezember 1229 sind in der bisher unveröffentlichten Chronik von Marsili sehr malerisch beschrieben. Nachstehend folgt ein Fragment:*

Die Plünderer und Diebe, die die Häuser durchwühlten, stiessen auf sehr schöne maurische Frauen und entzückende Mädchen. Sie breiteten Gold- oder Silbermünzen, Perlen und kostbare Steine, Gold- oder Silberarmbänder, Saphire und teure Juwelen aller Art vor den Augen der vor ihnen stehenden bewaffneten Männer aus- und baten bitterlich weinend in ihrer Sprache "All das ist für Euch, gebt uns nur etwas zum Leben."

Trümmern einiges nach und nach in spätere Gebäude eingefügt haben?

Wie dem auch sei, der Palacio Real von Palma bietet einen sehr malerischen Anblick. Als Ausdruck des wildesten Mittelalters unregelmässig und ungemütlich gebaut, zeigt er doch gleichzeitig stolze, eigenwillige und hidalgomässige Züge als ein Herrensitz, der aus Galerien, Türmen, Terrassen und bis zu beträchtlicher Höhe übereinandergetürmten Arkaden besteht. Als Abschluss krönt ihn ein gotischer Engel, der aus den Wolken über das Meer nach Spanien blickt.

Dieser Palast beherbergt sowohl die Archive als auch die Residenz des Generalkapitäns, der bedeutendsten Persönlichkeit der Insel. So beschreibt Monsieur Grasset de Saint-Sauveur das Innere dieser Residenz:

"Der erste Raum bildet eine Art Vorhalle für die Leibwache. Man biegt nach rechts in zwei grosse Säle, in denen kaum ein Stuhl steht.

Die Männer aus dem Hause des Königs von Aragon gierten so nach Geld und jagten nach versteckten Wertgegenständen, die sie rauben konnten, dass sie acht Tage lang nicht vor ihm erschienen.
So sprach schließlich eines Morgens, als weit und breit weder Koch noch Offiziere des Königshauses zu sehen waren, Ladró, ein aragonesischer Edler, zum König: "Seigneur, da ich noch etwas zu essen habe und in meinem Quartier eine gute Kuh ist, lade ich Sie ein, dort eine Mahlzeit einzunehmen und auch zu schlafen."
Der König freute sich sehr darüber und folgte dem Edlen.

Der dritte ist der Audienzsaal. Darin steht ein Thron in karmesinrotem Samt mit goldenen Fransen auf einem Podest mit drei Stufen, die mit Teppich belegt sind. Zu beiden Seiten befinden sich Löwen aus vergoldetem Holz. Der Baldachin über dem Thron ist ebenfalls aus karmesinrotem Samt, den Straussenfedern krönen. Über dem Thron hängen die Porträts des Königs und der Königin.

In diesem Saal nun empfängt der Generalkapitän an den Audienz- oder Galatagen die verschiedenen Beamten der Zivilverwaltung, die Offiziere der Garnison und bedeutende ausländische Besucher."

Der Generalkapitän, der als Gouverneur fungiert, erwies uns tatsächlich die Ehre, denjenigen von uns in diesem Saal zu empfangen, der es auf sich genommen hatte, die für ihn bestimmten Briefe zu übergeben. Unser Gefährte fand den hohen Beamten in der Nähe des Thrones. Es war mit Sicherheit der gleiche, den Grasset de Saint-Sauveur 1807 beschrieben hatte, denn er war abgenutzt, ausgeblichen, verschlissen und voller Öl- und Kerzenflecken. Die beiden Löwen zeigten kaum noch Spuren von Gold, zogen aber immer noch eine furchteinflössende Grimasse. Bei den königlichen Porträts hatte ein Wechsel stattgefunden: dieses Mal blickte die so unschuldige Isabella, als scheussliches Kabarettplakat, aus dem alten Goldrahmen, in dem ihre erhabenen Ahnen wie die Vorlagen in den Passepartouts eines Malschülers aufeinandergefolgt waren. Obwohl der Gouverneur untergebracht war wie der Herzog von Irenaeus bei E. T. A. Hoffmann, war er dennoch ein sehr geschätzter Mann und recht leutseliger Fürst.

Das vierte sehr bemerkenswerte Gebäude ist das Rathaus aus dem 16. Jahrhundert, dessen Stil man mit Recht mit dem florentinischer Paläste vergleicht. So ähneln sich die bemerkenswerten weit überstehenden Traufen, die man auch bei Schweizer Chalets antrifft. Seine Besonderheit sind die Kassetten mit sehr reich geschnitzten Rosetten, die sich mit den länglichen Karyatiden abwechseln. Es scheint, als trügen sie das mächtige Dach mit Qualen und Klagen, denn die meisten verstecken das Gesicht in den Händen.

Ich habe das Innere dieses Gebäudes, in dem sich die Sammlung von Porträts grosser Menschen Mallorcas befindet, nie gesehen. Dort hängt auch der berühmte Jaime in der Maske eines Karokönigs. Hier befindet sich zudem ein sehr altes Gemälde mit der Darstellung vom Begräbnis des Mallorquiners *Ramon Llull*. Daran sind vor allem die vielen unterschiedlichen Trachten in dem unübersehbaren Trauerzug des erlauchten Doctores interessant. Schliesslich beherbergt dieser Rathauspalast auch noch einen wunderbaren Heiligen Sebastian von Van Dyck, wobei auf Mallorca jedoch niemand geruhte, mich darauf aufmerksam zu machen.

"Palma besitzt eine Kunstschule", führt Monsieur Laurens weiter aus, "die schon allein in unserem 19. Jahrhundert 36 Maler, acht Bildhauer, elf Architekten und sechs Graveure, alles berühmte Professoren, ausgebildet hat - wenn man dem Lexikon der berühmten Künstler von Mallorca glauben darf, das der Wissenschaftler Antonio Furió herausgegeben hat. Ich muss aber ehrlich zugeben, dass ich während meines ganzen Aufenthalts in Palma die Existenz so vieler bedeutender Männern nicht bemerkt und auch keinen Hinweis entdeckt habe, der mich hätte darauf schliessen lassen.

Einige reiche Familien haben mehrere Gemälde der spanischen Schule in Besitz... Wenn Sie aber die Geschäfte durchstreifen oder in das Haus eines einfachen Bürgers kommen, finden Sie dort nur simple kolorierte Drucke. So etwas halten bei uns Kopisten auf öffentlichen Plätzen feil, und die brächten solche

Werke in Frankreich auch nur bei einem bescheidenen Bauern unter."

Am meisten rühmt sich Palma des *Palais des Grafen von Montenegro*, eines alten Herren in den Achtzigern. Er war früher einmal Generalkapitän und durch Herkunft und Reichtum eine der berühmtesten und einflussreichsten Persönlichkeiten Mallorcas. Dieser Grandseigneur besitzt eine Bibliothek, die wir besuchen durften. Ich habe jedoch nicht einen einzigen Band aufgeschlagen. Ich wüsste absolut nicht das Geringste dazu zu sagen (obwohl mein Respekt für Bücher an Ehrfurcht grenzt), wenn mich nicht ein gelehrter Landsmann über die Bedeutung der Schätze aufgeklärt hätte, an denen ich gleichgültig vorüberging wie der Hahn in der Fabel an den Perlen.

Dieser Landsmann[1], der in Katalunien und Mallorca nahezu zwei Jahre die romanische Sprache studierte, hat mir zuvorkommenderweise seine Notizen zugänglich gemacht. Mit einer bei Gelehrten raren Grosszügigkeit hat er mir gestattet, mich diskret daraus zu bedienen. Ich weise meine Leser aber vorher darauf hin, dass dieser Inselbesucher so sehr von allem auf Mallorca begeistert wie ich davon enttäuscht war.

Zum besseren Verständnis unserer unterschiedlichen Eindrücke sei gesagt, dass die Mallorquiner während meines Aufenthalts peinlich berührt eng aufeinander sassen, da wegen des Krieges bei ihnen

[1] *Monsieur Tastu, einer unserer besten Sprachwissenschaftler, verheiratet mit einer der begabtesten, charaktervollsten Musen.*

20.000 vom Festland geflüchtete Spanier dazugepfercht waren. Zwei Jahre zuvor wären die Mallorquiner zweifellos noch eher bereit gewesen, weitere Fremde aufzunehmen. So fällte ich mein Urteil nicht versehentlich und auch vorurteilsfrei und befand Palma für nicht sehr wohnlich. Aber ich möchte lieber nur über meine eigenen Eindrücke berichten als über die anderer, auch wenn ich riskiere, als wohlwollender Weltverbesserer getadelt zu werden.

Ich wäre im übrigen sehr froh, wenn man mir auch öffentlich widerspräche und mich tadelte, nicht nur privat. Dann käme ein genaueres und interessanteres Buch über Mallorca dabei heraus. So musste mein Bericht vielleicht unzusammenhängender und unwissentlich ungerecht bleiben.

Möge also Monsieur Tastu seinen Reisebericht veröffentlichen. Ich schwöre, es wird mir ein Herzensbedürfnis sein, alles zu lesen, was dazu beiträgt, meine Meinung über die Mallorquiner zu ändern. Ich habe die Bekanntschaft einiger typischer Vertreter gemacht, die hoffentlich diesbezüglich keine Zweifel an meinen Gefühlen hegen, wenn ihnen diese Schrift jemals in die Hände fällt.

In den Notizen von Monsieur Tastu wird die Bibliothek des Grafen von Montenegro als eine kulturelle Rarität Mallorcas erwähnt. Ich habe sie wenig ehrerbietig im Gefolge des Hauskaplans durchwandert. Mich interessierte vorwiegend, wie die Räume eines alten mallorquinischen Cavallers und Junggesellen beschaffen waren. Sie waren trist und bedrückend, stumm beherrscht von einem Priester.

Laut Monsieur Tastu wurde diese Bibliothek vom Onkel des Grafen von Montenegro, Kardinal Antonio Despuig, einem intimen Freund von Pius VI., zusammengetragen. Der gelehrte Kardinal hat alle bemerkenswerten Bücher aus Spanien, Italien und Frankreich gesammelt, und insbesondere der mit der Numismatik und der Kunst des Altertums befasste Teil ist besonders umfassend.

Unter den wenigen dort vorhandenen Manuskripten ist auch ein ganz besonderes Stundenbuch für die Liebhaber der Kalligraphie: Es enthält kostbare Miniaturen in höchster Vollendung.

Der Liebhaber von Wappen findet dort noch die alten Waffenschilde der spanischen Granden in einem Buch in ihren Farben abgebildet. Darunter sind auch die von Familien aus Aragon, Mallorca, dem Roussillon und dem Languedoc. Das Manuscript scheint aus dem 16. Jahrhundert zu stammen und hat der Familie Dameto gehört, die mit den Despuig und Montenegro verbunden war. Beim Durchblättern stiessen wir auf das Wappen der Familie Bonapart, der Familie unseres grossen Napoleon. Wir haben davon das nachstehende Faksimile (am Ende des zweiten Teils) angefertigt...

Des weiteren enthält diese Bibliothek die schöne Seekarte des Mallorquiners Valsequa. Das Manuskript aus dem Jahr 1439 ist ein Meisterwerk der Kalligraphie und der Topografie, geschmückt mit sehr kostbar ausgeführten Miniaturen. Diese Karte hat *Amerigo Vespucci* gehört, der sie sehr teuer erworben hat, wie aus dem handschriftlichen

Vermerk auf der Rückseite der Karte hervorgeht: *"Questa ampla pelle di geographia fù pagata da Amerigo Vespucci CXXX ducati di oro di marco."* (Für diese grosse geographische Karte hat Amerigo Vespucci 130 Golddukaten bezahlt).

Beim Abschreiben dieser Notiz sträuben sich mir die Haare, denn vor meinem geistigen Auge spielt sich wieder ein fürchterlicher Zwischenfall ab.

In der Bibliothek von Montenegro entrollte der Kaplan diese unschätzbar wertvolle und seltene Seekarte für uns, die Amerigo Vespucci schon für 130 Golddukaten gekauft hatte. Gott allein weiss, wieviel der Antiquitätenliebhaber Kardinal Despuig dafür bezahlt hat!... Da liess es sich einer der 40 oder 50 Domestiken des Hauses beifallen, ein Tintenfass aus Lüttich zum Beschweren auf eine der Ecken des Pergaments zu stellen. Das Tintenfass war randvoll!

Das normalerweise eingerollte Pergament bewegte sich. Vielleicht in diesem Moment von einem bösen Geist angestachelt, knisterte es, rollte sich knackend wieder zusammen und riss das Tintenfass mit, das in der hüpfenden Rolle verschwand, jedem Zwang entzogen. Es gab einen allgemeinen Aufschrei. Der Kaplan wurde blasser als das Pergament.

Die Karte wurde, noch von vager Hoffnung beflügelt, langsam wieder entrollt! Aber oje! Das Tintenfass war leer! Die Karte war überschwemmt, und die hübschen kleinen Miniaturherrscher schwammen buchstäblich in einem Tintenmeer, schwärzer als das Schwarze Meer.

Jetzt verloren alle den Kopf. Ich glaube, der Kaplan wurde ohnmächtig. Die Diener rannten mit Wassereimern herbei, als gelte es, eine Feuersbrunst zu löschen, und machten sich, mit Schwämmen und Bürsten bewaffnet, an die Säuberung der Karte und wischten dabei alles miteinander weg: Könige, Meere, Inseln und Kontinente.

Ehe es uns auch nur möglich war, diesen fatalen Eifer zu bremsen, war die Karte teilweise schon verdorben. Glücklicherweise hatte Monsieur Tastu eine genaue Kopie gefertigt. Danach konnte der Schaden mehr oder minder wieder behoben werden.

Doch wie bestürzt muss der Hausgeistliche gewesen sein, als er seinem Herrn dies zu beichten hatte! Im Moment der Katastrophe waren wir zwar alle sechs Schritte vom Tisch entfernt, ich bin aber ziemlich sicher, dass der Fehler uns deswegen dennoch zur Last gelegt wurde. Das hat nicht gerade dazu beigetragen, die Franzosen auf Mallorca beliebter zu machen.

Dieses tragische Ereignis hinderte uns daran, weitere Kostbarkeiten des Palais Montenegro zu bewundern oder auch nur zu Gesicht zu bekommen, weder das Münzkabinett, noch die antiken Bronzen oder die Gemälde. Wir konnten es kaum erwarten, vor Rückkehr des Besitzers zu entkommen. Da wir sicher waren, dass man uns bei ihm angeschwärzt hatte, wagten wir uns nicht noch einmal hin. Die Notiz von Monsieur Tastu wird also auch hier meine Unwissenheit ersetzen.

"Angrenzend an die Bibliothek des Kardinals befindet sich ein Kabinett mit keltisch-iberischen, maurischen, griechischen, römischen und mittelalterlichen Münzen. Diese unschätzbare Kollektion ist heute leider in einem betrüblichen Zustand und bedarf dringend einer Sichtung und Klassifizierung durch einen Gelehrten.

Die Wohnräume des Grafen von Montenegro sind reich an Marmorskulpturen oder antiken Bronzen, die aus den Ausgrabungen in Aricia stammen oder in Rom für den Kardinal gekauft wurden. Hier befinden sich auch viele Gemälde der spanischen und italienischen Schulen, die in den besten Galerien Europas Aufsehen erregen könnten."

Schliesslich muss ich auch die *Burg Bellver*, die alte Residenz der Könige von Mallorca, erwähnen. Ich sah es leider nur aus der Ferne auf seinem Hügel liegen, von dem aus es die Stadt und das Meer majestätisch beherrscht. Es ist eine uralte Festung und eines der strengsten Staatsgefängnisse Spaniens.

"Die heutigen Mauern," sagt Monsieur Laurens, "wurden Ende des 13. Jahrhunderts errichtet und sind sehr gut erhalten. Sie bilden eines der seltsamsten Denkmäler militärischer Architektur des Mittelalters."

Als unser Berichterstatter sie besichtigte, stiess er dort auf etwa 500 karlistische Gefangene, zerlumpt und beinahe nackt, einige waren noch Kinder. Sie holten mit dem Essgeschirr grobe, in Wasser gekochte Makkaroni aus einem grossen Kessel, die sie fröhlich lärmend verspeisten. Sie wurden von Soldaten bewacht, die, Zigarre im Mund, Strümpfe strickten.

Damals verbrachte man tatsächlich alle auf das Schloss Bellver, die in den Gefängnissen von Barcelona nicht mehr Platz fanden. Doch diese furchterregenden Türen schlossen sich auch hinter erlauchteren Gefangenen.

Don Gaspar de Jovellanos, einer der eloquentesten Sprecher und kraftvollsten Schriftsteller Spaniens, büsste hier für sein berühmtes Pamphlet *Pan y Toros* (Brot und Stiere) in den *Torre de homenage*, *"cuya cuva"*, wie Vargas sagte, *"es la más cruda prisión."*[1] In den tristen Mussestunden beschrieb er sein Gefängnis wissenschaftlich genau und vollzog die Geschichte der tragischen Ereignisse nach, die sich dort in den Kriegszeiten des Mittelalters abgespielt hatten.

Die Mallorquiner verdanken ihm auch eine exzellente Beschreibung ihrer Kathedrale und ihrer Börse, *la Lonja*. So sind seine Briefe über Mallorca die besten Unterlagen, die man zu Rate ziehen kann.

Der Kerker, in dem Jovellanos unter der parasitären Herrschaft des Friedensfürsten einsass, wurde bald danach wissenschaftlich und politisch beschrieben.

Dabei handelt es sich um eine wenig bekannte Anekdote aus dem Leben eines Mannes, der in Frankreich ebenso bekannt ist wie Jovellanos in Spanien.

(1) Dessen Keller, sagte Vargas, ist das brutalste Gefängnis.

Sie ist um so interessanter als sie ein romantisches Kapitel im Leben eines Wissenschaftlers bildet, den die Wahrheitssuche in tausend gefährliche und ergreifende Abenteuer stürzte.

DRITTES KAPITEL

Monsieur Arago befand sich im Jahr 1808 im Auftrag von Napoleon bei Vermessungsarbeiten auf Mallorca auf dem Berg *L'Esclop de Galatzó*(1), als er von den Ereignissen in Madrid und der Absetzung König Ferdinands Kenntnis erhielt. Die Erbitterung der Mallorquiner darüber war so gross, dass sie dem französischen Wissenschaftler die Schuld dafür gaben. So machte sich eine wütende Menge zum Esclop de Galatzó in der Absicht auf, Monsieur Arago zu töten.

Der Galatzó liegt im Hinterland der Küste, an der

---

(1) Die drei Male, die George Sand von diesem Berg spricht, bezeichnete sie ihn als "Leclop de Galatzó", nicht als Clot so wie fälschlich in der ersten Ausgabe von "Un hiver à Mallorque" (Hyppolyte Souverain - Paris 1842) gedruckt. George Sand hätte in gutem Mallorquinisch "L'Esclop" schreiben müssen, doch Leclop läßt ahnen, daß es sich um den Berg handelt, während clot für Loch steht.

Damit soll die im Originalmanuskript, das im Museum der Kartause von Valldemossa aufbewahrt wird, wahrscheinlich korrekte Bezeichnung wieder hereingebracht werden.

Jaime I. an Land ging, um Mallorca den Mauren zu entreissen. Monsieur Arago liess dort oft Feuer zu Vermessungszwecken anzünden, was die Mallorquiner zu der Annahme verleitete, dass er einem französischen Geschwader mit einer Invasionsarmee geheime Signale gäbe.

Ein Inselbewohner jedoch mit Namen Damian, Rudergänger auf der von der spanischen Regierung für die Vermessungen bereitgestellten Brigg, entschloss sich, Monsieur Arago von der Gefahr, die ihm drohte, zu unterrichten. Er lief an seinen aufgebrachten Landsleuten vorbei und brachte ihm schleunigst eine Marineuniform zum Verkleiden.

Monsieur Arago verliess den Berg auf der Stelle und begab sich zurück nach Palma. Auf dem Wege dorthin stiess er auf diejenigen, die ausgezogen waren, ihn in Stücke zu reissen. Sie befragten ihn wegen des verdammten *gabacho*, dessen sie sich entledigen wollten. Glücklicherweise beherrschte Monsieur Arago die Landessprache aber sehr gut. Er konnte alle ihre Fragen beantworten und wurde von seinen Häschern nicht erkannt.

In Palma ging er dann zurück an Bord seiner Brigg. Doch der Kapitän, Don Manoel de Vacaro, der bis dahin seine Befehle immer ausgeführt hatte, weigerte sich ganz entschieden, ihn nach Barcelona zu bringen. Er bot ihm als Zuflucht nur einen Verschlag an Bord an, den Monsieur Arago, nachdem er ihn besichtigt hatte, nicht akzeptieren konnte.

Am nächsten Morgen hatte sich eine bedrohliche Menschenmenge am Ufer zusammengerottet. Kapitän Vacaro teilte Monsieur Arago mit, dass er nicht mehr länger für sein Leben garantieren könne. Er fügte hinzu, dass der Generalkapitän ihm als einzige Möglichkeit zu seiner Rettung rate, sich als Gefangener im Schloss Bellver zu stellen. Zu diesem Zweck sandte man ihm eine Schaluppe, auf der er den Hafen überquerte. Dem Pöbel war dies nicht entgangen, und er nahm die Verfolgung auf, wobei er ihn beinahe erreicht hatte, als sich die Tore der Festung hinter ihm schlossen.

Monsieur Arago verbrachte zwei Monate in diesem Gefängnis. Der Generalkapitän liess ihm schliesslich ausrichten, dass er bei einer Flucht die Augen zudrücken werde. Also entwischte er mit Hilfe von Señor Rodriguez, seinem spanischen Kompagnon bei den Meridianvermessungen.

Damian, der Mallorquiner, der ihm schon das Leben auf dem Esclop de Galatzó gerettet hatte, brachte ihn in einem Fischerboot nach Algier. Monsieur Arago wollte nämlich auf keinen Fall in Frankreich oder Spanien an Land gehen.

Während seiner Gefangenschaft hatte Monsieur Arago von den Schweizer Soldaten, die ihn bewachten, erfahren, dass ihnen von Mönchen auf der Insel Silber versprochen worden war, wenn sie sich bereit fänden, ihn zu vergiften.

In Afrika ereilten unseren Wissenschaftler weitere Missgeschicke, denen er in noch rätselhafterer Weise entkam. Aber das führt zu weit von unserem Thema ab. Hoffentlich schreibt er darüber eines Tages einen interessanten Bericht.

Auf den ersten Blick enthüllt die mallorquinische Hauptstadt nicht ihr ganzes Wesen. Erst wenn man die Innenstadt durchstreift und des Abends in ihre tiefen, geheimnisvollen Gassen vordringt, verblüffen der elegante Stil und die Originalität auch der einfachsten Bauten. Wenn man vom Inselinneren hereinkommt, also hauptsächlich von Norden her, zeigt sie ihr ganzes afrikanisches Antlitz.

Monsieur Laurens hat diese malerische Schönheit gespürt, die einen einfachen Archäologen nicht berührt hätte. Er hat auch einen der Ausblicke nachgezeichnet, der mich durch seine Erhabenheit und Melancholie am meisten ergriffen hat. Das ist der Teil der Stadtmauer, auf der sich unweit der Kirche von *Sant Agostin* ein enormer Steinblock mit nur einer einzigen kleinen Öffnung, einer Rundbogentür, auftürmt.

Eine Gruppe schöner Palmen krönt diesen Quader, das letzte Überbleibsel einer Festung der Tempelritter. Seine überwältigend traurige Nacktheit bildet den Vordergrund für das prächtigen Gemälde zu Füssen der Stadtmauer, die heitere und fruchtbare Ebene mit den blauen Bergen von Valldemossa im Hintergrund. Gegen Abend verändern sich die Farben dieser Landschaft von Stunde zu Stunde, in zunehmender Harmonie. Wir haben sie bei Sonnenuntergang in Rosé glitzern sehen, dann wandelte es sich von einem prächtigen Violett in ein silbriges Lila und ging schliesslich bei Eintritt der Nacht in ein reines und durchsichtiges Blau über.

Von den Stadtmauern Palmas aus zeichnete Monsieur Laurens einige weitere Aussichten.

"Jeden Abend," schreibt er, "wenn die Sonne alles lebhaft färbte, schlenderte ich langsam über die Stadtmauer und hielt bei jedem Schritt inne, um die glückhafte Zufälligkeit zu betrachten, die sich aus den Umrissen der Berge oder des Meeres mit den Konturen der Gebäude der Stadt ergaben.

Hier auf der Böschung der Stadtmauer wucherte eine furchterregende Agavenhecke, aus der Hunderte dieser hohen Stiele hervorragten, deren Blütenstände wie ein riesiger Kandelaber aussehen. Dort in den Gärten erhoben sich Palmengruppen, umgeben von Feigenbäumen, Kakteen, Orangenbäumen und baumhohen Rizinusbüschen.

Dahinter tauchten Aussichtsterrassen und von Weinbergen überschattete Terrassen auf: schliesslich zeichneten sich die Turmspitzen der Kathedrale, die Glockentürme und Kuppeln der zahlreichen Kirchen als Silhouetten vor dem reinen Leuchten des Himmels ab."

Ein anderer Spaziergang, der Monsieur Laurens ebenso gefiel wie mir, führt zu den Ruinen des während der Säkularisierung geschleiften Klosters von *Santo Domingo*.

Am Ende eines auf Marmorsäulen ruhenden Weinspaliers stehen vier grosse Palmen. Durch den in Terrassen angeordneten Garten wirken sie gigantisch und durch ihre hohe Lage tatsächlich wie ein Teil der Stadt, mit denen ihre Wipfel eine Linie bilden. Durch ihre Wedel erblickt man das Fassadenoberteil von *San Esteban*, den massigen Turm mit der berühmten balearischen Turmuhr und den Engelsturm des *Palacio Real*.

Dieses Kloster der Inquisition, nur noch ein Trümmerfeld, das einige Sträucher und aromatische Pflanzen hier und da durchstossen, ist nicht vom Zahn der Zeit zerstört. Die jähe und unerbittliche Faust der Revolution hat dieses Bauwerk, das ein Meisterwerk gewesen sein soll, vor einigen Jahren zermalmt und fast dem Erdboden gleichgemacht. Die Reste wie die Fragmente reicher Mosaiken und einige grazile Bögen, die noch stehen geblieben sind und wie Skelette in die Leere ragen, lassen die einstige Pracht zumindest noch erahnen.

Die totale Zerstörung dieser heiligen Stätten der katholischen Kunst in ganz Spanien empört besonders die Palmeser Aristokratie heute immer noch und ist eine stete Quelle des legitimen Trauerns bei den Künstlern. Vor zehn Jahren wäre ich vielleicht auch betroffener vom Vandalismus dieser Zerstörung gewesen als von dem Teil der Geschichte, für die sie bezeichnend ist.

Doch obwohl man vom Verstand her, wie Monsieur Marliani in seiner Geschichte der Politik des modernen Spaniens, die gleichzeitig schwachen und mit Brutalität behafteten Massnahmen bedauern mag, die diesem Dekret folgen sollten, gebe ich zu, dass mich in diesen Ruinen nicht die Traurigkeit erfasste, die Ruinen gewöhnlich hervorrufen. Der Blitz hatte dort eingeschlagen, und der Blitz ist ein blindes Instrument, eine gewalttätige Kraft wie die Wut des Menschen. Doch das Gesetz der Vorsehung, die die Elemente und ihre scheinbare Verwirrung lenkt, weiss sehr wohl, dass in der Asche der Trümmer der Ursprung neuen Lebens verborgen ist. An dem Tag, als die Klöster fielen, lag in der politischen Atmosphäre Spaniens so etwas wie eine Analogie zu dem Bedürfnis nach Erneuerung, das die Natur bei ihren fruchtbaren Ausbrüchen beweist.

Ich glaube nicht, was man mir in Palma berichtete, dass nämlich nur einige Unzufriedene, aus lauter Rachedurst und Gier auf Beute, dieses Verbrechen vor den Augen einer entsetzten Bevölkerung begangen haben. Es bedarf sehr vieler Unzufriedener, um einen ganzen Gebäudekomplex in Schutt und Asche zu legen. Dazu muss nur sehr geringes Mitgefühl bei der Bevölkerung bestehen, wenn sie dem Vollzug eines Dekretes, das ihr im Herzen zuwider ist, tatenlos zuschaut.

Ich glaube eher, dass der erste von der Spitze dieser Kuppeln herausgerissene Stein in der Volksseele das Gefühl von Angst und Respekt erstickte, das dort nicht mehr Halt hatte als der Klosterturm auf seinem Fundament. dass sich jeder, im Innersten aufgewühlt von einem mysteriösen jähen Impuls, in einer Mischung aus Mut und Schrecken, Wut und Gewissensbissen auf den Kadaver gestürzt hat. Das Mönchtum bemäntelte sehr wohl Missbrauch und hätschelte den Egoismus. Die Frömmigkeit ist eine Macht in Spanien, und zweifellos besann sich mehr als einer der Zerstörer und beichtete am nächsten Morgen bei einem Geistlichen, den er gerade aus seinem Heim verjagt hatte. Doch es existiert im Herzen des dümmsten und blindesten Menschen irgend etwas, das ihn vor Begeisterung erbeben lässt, wenn das Schicksal ihn mit höchsten Aufgaben betraut.

Mit seinen Hellern und seinem Schweiss hatte das spanische Volk die anmassenden Paläste der Ordensgeistlichkeit erbaut, an deren Toren es seit Jahrhunderten den Obolus für faule Bettelei und das Brot der geistigen Versklavung erhielt. Es hatte an seinen Verbrechen teilgenommen und war von seiner Niedertracht durchtränkt. Es hatte die Scheiterhaufen der Inquisition aufgeschichtet. Es war Komplize und Denunziant bei den grauenhaften Verfolgungen ganzer Rassen, die man mit der Wurzel ausrotten wollte.

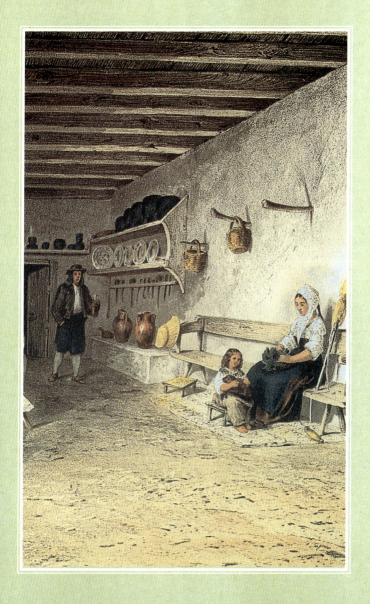

LA SOCIÉTÉ FRÉDÉRIC CHOPIN DE PARIS
À
FRÉDÉRIC CHOPIN
EN HOMMAGE AV MVSICIEN IMMORTEL ET EN ATTESTATION
DE LA DÉCOVVERTE DE SON PRÉSIDENT EDOVARD GANCHE
PROVVANT QVE L' ILLVSTRE POLONAIS HABITA
CETTE CELLVLE PENDANT SON SÉJOVR À LA CHARTREVSE
DV 20 DÉCEMBRE 1838 AV 13 FÉVRIER 1839

MCMXXXII

Nach der Vernichtung der Juden, die es reich gemacht hatten, nach der Verbannung der Mauren, denen es seine Zivilisation und seine Grösse verdankte, erhielt es als göttliche Strafe Elend und Unwissenheit. In seiner Hartnäckigkeit und Frömmigkeit schob es dem Klerus, seinem Werk, seinem Verderber und seiner Geissel, nicht die Schuld zu. Es litt lange Zeit, gebeugt unter dem von seinen eigenen Händen errichteten Joch. Doch drangen eines Tages fremde und kühne Stimmen an sein Ohr, und Worte der Befreiung und Erlösung erreichten sein Gewissen. Es begriff den Irrtum seiner Ahnen, errötete ob seiner Erniedrigung und empörte sich ob seiner Not. Trotz seiner weiterhin abgöttischen Verehrung für die Heiligenbilder und Reliquien zerschlug es die Götzenbilder und glaubte stärker an sein Recht als an seine Religion.

Was hat es also mit dieser heimlichen Macht auf sich, die den unterwürfigen Gläubigen plötzlich dazu bringt, sich eines Tages fanatisch gegen das zu wenden, was er sein ganzes Leben angebetet hat? Bestimmt ist es weder die Unzufriedenheit mit den Menschen noch der Verdruss an Dingen. Das ist Unzufriedenheit mit sich selbst, der Verdruss an der eigenen Zaghaftigkeit.

Und das Volk war viel grossartiger, als man gedacht hätte. Es schuf vollendete Tatsachen und beraubte sich selbst der Mittel, seine Entscheidung rückgängig zu machen, wie ein Kind, das erwachsen werden will und seine Spielsachen zerbricht, um nicht in die Versuchung zu kommen, sie wieder hervorzuholen.

Was nun Don Juan Mendizábal betrifft, so muss man seinen Namen im Zusammenhang mit diesen Ereignissen nennen. Wenn das, was ich von ihm als Politiker erfuhr, auf Wahrheit beruht, so war er eher ein Mann der Grundsätze als ein Mann der Tat, was meiner Meinung nach das grösste Lob ist. Dieser Staatsmann hat wohl die intellektuelle Situation in Spanien manchmal über- und an manchen Tagen unterschätzt, manchmal unangebrachte oder unvollständige Massnahmen ergriffen und seine Ideen auf unfruchtbaren Feldern ausgesät, auf denen die Saat erstickt oder verschlungen werden musste. Das wäre vielleicht Grund genug, ihm das Durchsetzungsvermögen und die Beharrlichkeit abzusprechen, die für einen sofortigen Erfolg seiner Unternehmungen erforderlich gewesen wären. Das wäre jedoch kein Grund, wenn die Geschichte, von einer höheren phi-

(1) *Dieses aufrichtige Denken und sein besonderer Sinn für Geschichte hat Monsieur Marliani zu folgenden Lobesworten veranlasst, die er seiner Kritik an dessen Ministerium voranstellte: "...Man konnte ihm nie seine bewundernswerten Qualitäten absprechen wie sie selten bei seinen Vorgängern zu finden waren, nämlich ein lebendiger Glaube an die Zukunft des Landes, eine grenzenlose Hingabe an die Sache der Freiheit, ein leidenschaftliches Nationalgefühl, eine aufrichtige Begeisterung gegenüber progressiven und sogar revolutionären Ideen zur Durchführung der angesichts des Zustands Spaniens erforderlichen Reformen. Dazu kommt seine große Toleranz und besondere Großzügigkeit gegenüber seinen Feinden, lässt sein Desinteresse an seiner Person ihn immer und bei jeder Gelegenheit seine Interessen denen des Vaterlandes opfern, weswegen er seine verschiedenen Ministerien ohne Orden verlassen hat... Als erster Minister hat er die Erneuerung seines Landes ernst genommen. Seine Tätigkeit im Amt hat einen echten Fortschritt bedeutet. Er konnte die Zensur*

losophischen Warte betrachtet, ihn eines Tages als einen der nobelsten und fortschrittlichsten Geister Spaniens[1] anerkennt.

Diese Überlegungen kamen mir in den Ruinen der mallorquinischen Klöster oft in den Sinn, wenn ich hörte, wie sein Name verflucht wurde. So wäre es für uns vielleicht heikel gewesen, ihn lobend und mitfühlend zu erwähnen. Ich sagte mir also, dass es abgesehen von den aktuellen politischen Fragen, für die ich mir erlaube, weder Neigung noch Verständnis zu haben, ein Gesamturteil gab, das ich auf Menschen und selbst Ereignisse anwenden kann, ohne Furcht, mich zu irren.

Viele behaupten, man müsse eine Nation aus eigener Anschauung kennen, ihre Sitten und ihre Lebensweise von Grund auf studieren, um sich ein richtiges

zwar nicht abschaffen, aber er war großzügig genug, der Presse keinen Stein in den Weg zu legen, auch wenn sie zugunsten seiner Feinde und gegen seine eigenen Interessen berichtete. Die öffentliche Meinung konnte sich ein Urteil über seine Tätigkeit bilden. Als sich eine heftige, von alten Freunden ausgelöste Opposition im Cortès gegen ihn erhob, hatte er genug Seelengrösse, um die Freiheit des Abgeordneten als offizielle Funktion zu respektieren. Er erklärte vor der Tribüne, dass er sich eher die Hand abhacken würde als die Amtsenthebung eines Abgeordneten zu unterzeichnen, den er mit seinen Wohltaten überschüttet hatte und der sein schärfster politischer Feind geworden war. Dies noble Beispiel von Señor Mendizábal verdient um so mehr Beachtung, als er in dieser Hinsicht keinerlei Vorbild hatte, dem er folgen konnte! Seither hat sich diese tugendhaften Toleranz nicht mehr gefunden"

(Histoire politique de l'Espagne moderne - Die politische Geschichte des modernen Spaniens - von Monsieur Marliani)

Bild von ihr machen zu können und ein echtes Gespür für ihre Geschichte, ihre Zukunft, mit einem Wort für ihr ethisches Leben entwickeln zu können. Mir scheint es jedoch in der allgemeinen Geschichte des menschlichen Lebens eine allen Völkern gemeinsame grosse Linie zu geben, an die sich alle Fäden ihrer spezifischen Geschichte knüpfen. Diese Linie ist das Wissen um das Ideal und das Streben danach oder, wenn man so will, der Drang nach Vervollkommnung, den die Menschen sowohl im Zustand des blinden Instinkts als auch im Zustand der erleuchteten Theorie in sich tragen. Wirklich herausragende Menschen haben es alle empfunden und mehr oder minder auf ihre Weise praktiziert. Die Kühnsten unter ihnen, die in klarster Erkenntnis in der Gegenwart die grössten Schlachten geschlagen haben, um die Entwicklung der Zukunft voranzutreiben, sind die, die von ihren Zeitgenossen meist verkannt wurden. Man hat sie geschmäht, verdammt, und erst beim Ernten der Früchte ihrer Arbeit wurden sie auf ihr Piedestal zurückgestellt, von dem einige vorübergehende Enttäuschungen und einige unverständliche Rückschläge sie gestürzt hatten.

Wie viele berühmte Namen unter unseren Revolutionshelden wurden verspätet und meist nur zaghaft rehabilitiert! Immer noch wird ein grosser Teil von ihrer Mission und ihrem Werk missverstanden und schlecht dargestellt! In Spanien traf Mendizábal eines der strengsten Urteile als Minister, weil er der Mutigste war, vielleicht der einzig Mutige. Die Tat, die seine kurze Amtszeit unvergesslich macht, nämlich die radikale Zerstörung der Klöster, ist ihm solchermassen vorgeworfen worden, dass ich das Bedürfnis habe, dagegen zugunsten dieser kühnen Entscheidung und des Begeisterungsrausches zu protestieren, in dem das spanische Volk sie annahm und in die Praxis umsetzte.

Zumindest erfüllte mich dieses Gefühl plötzlich beim Anblick dieser noch nicht von der Zeit geschwärzten Ruinen, die ebenso gegen die Vergangenheit zu protestieren wie das Erwachen der Wahrheit im Volk zu proklamieren scheinen. Ich glaube nicht, dass ich Liebe und Hochachtung für die Künste verloren habe. Ich verspüre in mir auch keine Rachegefühle oder Zerstörungswut. Ebensowenig gehöre ich zu denen, die den Kult des Schönen unnütz finden und die Baudenkmäler in Fabriken umwandeln wollen. Doch das vom Arm des Volkes zerstörte Kloster der Inquisition ist ein ebenso grossartiger, so lehrreicher, ebenso anrührender Teil der Geschichte wie ein römischer Aquädukt oder ein Amphitheater. Eine Regierungsbehörde, die kaltblütig die Zerstörung eines Gotteshauses aus niedrigen Motiven der Nützlichkeit oder lächerlicher Sparsamkeit anordnet, begingt eine grobe und schuldhafte Tat. Aber ein politischer Führer, der an einem entscheidenden und gefahrvollen Tag Kunst und Wissenschaft den viel wichtigeren Gütern opfert, nämlich der Vernunft, der Gerechtigkeit, der religiösen Freiheit, und ein Volk, das sich trotz seiner frommen Instinkte, seiner Vorliebe für katholischen Pomp und seinem Respekt vor den Mönchen ein Herz nimmt und genügend Arme findet, um das Dekret in einem Augenblick in die Tat umzusetzen, verhalten sich wie eine sturmgeschädigte Schiffsmannschaft, die sich rettet, indem sie ihre Wertsachen ins Meer wirft.

So möge also über diesen Ruinen weinen, wer mag! Nahezu alle Bauwerke, deren Verfall wir beklagen, waren Kerker, in denen Jahrhunderte hindurch Körper und Seelen der Menschen geschmachtet haben. Kämen doch Dichter, die, statt das Vergehen der Kindheit der Welt zu beklagen, in ihren Versen auf den Trümmern der vergoldeten Kinderklappern und der blutbesudelten Ruten das Erwachsenwerden besängen, das sich davon befreit hat. Chamisso hat recht schöne Verse über das Schloss seiner Ahnen geschrieben, das von der Französischen Revolution dem Erdboden gleichgemacht wurde. Dieses Gedicht endet mit einem Gedanken, der sowohl in der Dichtung wie in der Politik sehr neu war:

"Sei gelobt, altes Herrenhaus,

über das jetzt die Schar des Pfluges geht!

Und gesegnet sei der,

der den Pflug über dich führt!"

Nachdem ich die Erinnerung an dieses schöne Gedicht wachgerufen habe, will ich es wagen, einige Seiten einzufügen, zu denen mich das Kloster der Dominikaner inspirierte. Warum soll sich nicht auch der Leser dort mit Nachsicht wappnen, wo er einen Gedanken der Autorin zu beurteilen hat, den ihm diese unter Aufopferung ihrer Selbstliebe und ihrer alten Gesinnungen vorlegt? Möge dieses Fragment, wie es auch sei, etwas Abwechslung in die vorstehende trockene Aufzählung der Bauwerke bringen.

VIERTES KAPITEL
DAS KLOSTER DER INQUISITION

In den Ruinen eines zerstörten Klosters trafen sich zwei Männer im klaren Schein des Mondlichts. Der eine schien in der Blüte seines Lebens, der andere gebeugt unter der Last der Jahre, dabei war er der jüngere der beiden.

Beide erschauerten, als sie sich so von Angesicht zu Angesicht gegenüberstanden. Zu der späten Nachtstunde waren die Strassen verlassen, und vom Turm der Kathedrale schlug die Uhr dumpf und langsam. Der scheinbar Ältere ergriff zuerst das Wort.

"Wer du auch bist," sagte er, "Mensch, fürchte nichts von mir. Ich bin schwach und zerbrochen. Erwarte auch nichts von mir, denn ich bin arm und nackt auf Erden."

"Freund," antwortete der junge Mann, "nur wer mich angreift, ist mein Feind. Wie du bin ich zu arm, um Diebe zu fürchten."

"Bruder," nahm der Mann mit den welken Zügen das Wort wieder auf, "warum hast du dann gerade bei meinem Kommen gezittert?"

"Weil ich wie alle Künstler ein bisschen abergläubisch bin, und weil ich dich für den Geist eines der verblichenen Mönche angesehen habe, deren geschändete Gräber wir in den Staub treten. Und du, mein Freund, warum bist du erzittert, als du mich sahst?"

"Weil ich wie alle Mönche sehr abergläubisch bin, und weil ich dich für den Geist eines der Mönche gehalten habe, die mich lebend in das Grab eingesperrt haben, das du mit Füssen trittst."

"Was sagst du da? Bist du einer von den Männern, die ich begierig und vergeblich in ganz Spanien gesucht habe?"

"Du findest uns nirgendwo mehr im hellen Sonnenlicht. Doch in den Schatten der Nacht kannst du uns noch begegnen. Nun ist deine Erwartung erfüllt. Was willst du denn von einem Mönch?"

"Ihn betrachten, befragen, mein Vater. Ich will mir seine Züge einprägen, um sie in Bildern wiederzugeben. Ich will seine Worte in mich aufnehmen, um sie meinen Landsleuten zu wiederholen. Schliesslich will ich ihn kennenlernen und alles in mich aufsaugen, was es an Geheimnisvollem, Poetischem und Grösse an einem Mönch und am Klosterleben gibt."

"Woher, oh Reisender, kommst du? Woher hast du die seltsame Vorstellung von diesen Dingen? Kommst du nicht aus einem Land, in dem die Macht des Papstes gebrochen, die Mönche geächtet, die Klöster abgeschafft sind?"

"Bei uns gibt es immer noch der Vergangenheit

verhaftete fromme Seelen und die glühende Phantasie, die von der erstaunlichen Poesie des Mittelalters lebt. Alles, was uns eine leise Ahnung davon geben kann, suchen wir, verehren wir und beten es fast an. Glauben Sie nicht, mein Vater, dass wir alle so blinde Kirchenschänder sind. Wir sind Künstler, wir hassen dieses brutale Volk, das alles, was es anfasst, besudelt und zerbricht. Weit davon entfernt, ihre Erlasse zu Mord und Zerstörung zu billigen, mühen wir uns in unseren Bildern, unserer Dichtung, unseren Theaterstücken, kurz in allen unseren Werken, die alten Traditionen wiederzubeleben und den Geist des Mystizismus neu zu entfachen, der die christliche Kunst, dieses bewunderungswürdige Kind, zeugte!"

"Was sagst du da, mein Sohn? Wie kann es angehen, dass die Künstler deines freien und blühenden Landes sich anderswo Anregung holen als in der Gegenwart? Sie haben so viel Neues zu besingen, zu malen und zu erläutern! Wie du jedoch sagst, lebten sie über die Erde gebeugt, in der ihre Ahnen ruhten? Sie sollten in dem Staub der Grabmäler eine freudige und fruchtbare Inspiration suchen, wenn Gott in seiner Güte ihnen ein so angenehmes und schönes Leben geschenkt hat?"

"Ich weiss nicht, guter Pater, woher du glaubst, dass unser Leben so sein kann. Wir Künstler beschäftigen uns nicht mit Politik, und soziale Fragen interessieren uns noch weniger. In unserer Umgebung suchten wir die Poesie umsonst. Die Künste siechen dahin, jede Eingebung ist erstickt, der schlechte Geschmack triumphiert, und das materielle Leben nimmt die Menschen völlig in Anspruch. Könnten wir nicht auf den Kult der Vergangenheit und die Denkmäler aus den Jahrhunderten des Glaubens zurückgreifen, um wieder neue Kraft zu schöpfen, verlören wir vollends das geheiligte Feuer, das wir nur mit grosser Mühe bewahren."

"Mir hat man jedoch berichtet, dass es dem menschlichen Geist gelungen ist, einen Fortschritt wie noch nie in euren Kreisen bei sozialem Glück, den Wundern der Industrie, den Wohltaten der Freiheit zu erzielen. Hat man mich denn so getäuscht?"

"Wenn man dir gesagt hat, mein Vater, dass man nie zuvor aus den materiellen Reichtümern einen derartigen Luxus, einen solchen Wohlstand hat herausholen können sowie eine derart erschreckende Vielfalt bei den Geschmäckern, Meinungen und Glaubensrichtungen aus den Trümmern des Ancien régime, hat man dir die Wahrheit gesagt. Doch wenn du nicht auch davon gehört hast, dass uns alle diese Dinge entwürdigen und erniedrigen statt uns glücklich zu machen, hat man dir nicht die ganze Wahrheit gesagt."

"Wie kann denn dabei ein so merkwürdiges Ergebnis herauskommen? Sind alle Quellen des Glücks auf euren Lippen zu Gift geworden? Was den Menschen gross, gerecht und gut macht, das Wohlbefinden und die Freiheit, soll euch klein und elend gemacht haben? Erkläre mir diesen Widerspruch."

"Muss ich gerade dich, mein Vater, daran erinnern, dass der Mensch nicht nur vom Brot allein lebt? Wenn der Glaube verlorenginge, können alle unsere sonstigen Erwerbungen unseren Seelen keinen Nutzen mehr bringen."

"So erklär mir doch, mein Sohn, wie ihr den Glauben verloren habt, nachdem die religiösen Verfolgungen bei euch aufgehört haben, so dass ihr eure Seelen weit öffnen und die Augen zum göttlichen Licht aufheben konntet? Der Moment des Wissens sollte doch auch der Moment des Glaubens sein. Und ausgerechnet in diesem Augenblick habt ihr gezweifelt? Was hat euch denn die Köpfe vernebelt?"

"Die Wolken der Schwäche und des menschlichen Elends. Ist das Nachforschen nicht unvereinbar mit dem Glauben, mein Vater?"

"Junger Mann, ebenso könntest du fragen, ob der Glaube mit der Wahrheit vereinbar sei. Du glaubst also an nichts, mein Sohn? Oder glaubst du an die Lüge?"

"Ach, ich glaube nur an die Kunst. Aber reicht das nicht aus, um der Seele Kraft, Vertrauen und heitere Freuden zu geben?"

"Ich wüsste es nicht, mein Sohn, und es ist mir unverständlich. Es gibt also auch bei euch noch ein paar glückliche Menschen? Und du selbst, hast du dich nun vor Mutlosigkeit und Schmerz geschützt?"

"Nein, mein Vater, die Künstler sind die unglücklichsten, die aufgebrachtesten und gequältesten Menschen. Täglich sehen sie den Gegenstand ihrer Anbetung tiefer fallen, und alle ihre Bemühungen reichen nicht aus, um ihn wieder zu erheben."

"Woher kommt es denn, dass so aufgeklärte Menschen die Künste verkommen lassen statt sie wiederzubeleben?"

"Das rührt daher, dass sie nicht mehr glauben und Kunst ohne Glauben ist nicht möglich."

"Hast du mir nicht soeben gesagt, die Kunst sei für dich eine Religion? Du widersprichst dir, mein Sohn, oder ich kann dir nicht folgen."

"Und wie sollen wir nicht im Widerspruch mit uns selbst stehen, mein Vater!? Wir, denen Gott eine Mission anvertraut hat, die die Welt auszuführen uns verweigert. Die Gegenwart versperrt uns die Türen zu Ruhm, zu Inspiration und zum Leben. Wir sind gezwungen, in der Vergangenheit zu leben und die Toten nach den Geheimnissen der ewigen Schönheit zu befragen, die die Menschen heute nicht mehr verehren und deren Altäre sie gestürzt haben. Angesichts der Werke der grossen Meister beflügelt uns die Hoffnung, es ihnen gleichzutun, so dass uns Kraft und Begeisterung erfüllen. Wenn uns aber bei der Verwirklichung unserer ehrgeizigen Träume eine ungläubige und bornierte Welt kalte Verachtung und Spott entgegenbringt, können wir nichts schaffen, was unserem Ideal entspräche. Der Gedanke stirbt in uns, bevor er das Licht erblickte."

Der junge Künstler sprach mit Bitterkeit. Der Mond erhellte sein trauriges und stolzes Gesicht und der Mönch betrachtete ihn regungslos mit naivem und wohlwollendem Staunen.

"Setzen wir uns hierhin," sagt letzterer nach einem Moment des Schweigens, und trat zu der massiven Balustrade einer Terrasse, von der man über die Stadt, das Land und das Meer schaute.

Ein Winkel im Garten der Dominikaner war früher voller Blumen, Brunnen und kostbarer Marmorskulpturen gewesen. Heute war er übersät mit Trümmern und überwuchert mit hohen Kräutern, die schnell und üppig auf Ruinen spriessen. In seiner Erregung zerrieb der Künstler eines in der Hand und warf es mit einem Schmerzensschrei weit von sich. Der Mönch lächelte.

"Es sticht kräftig," sagte er, "aber es ist nicht

gefährlich. Mein Sohn, diese Brombeerranke, die dich bei deiner rücksichtslosen Berührung verletzt, steht als Symbol für die groben Menschen, über die du dich gerade beklagtest. Sie dringen in die Paläste und Klöster ein. Sie steigen auf die Altäre und machen es sich auf den Trümmern der uralten Pracht dieser Welt gemütlich. Sieh, mit welchem Saft und welcher Kraft diese wildgewordenen Kräuter die Blumenbeete überwuchert haben, in denen wir sorgfältig empfindliche und kostbare Pflanzen gezogen haben. Von denen hat nicht eine überlebt! Ebenso haben sich die einfachen und halbwilden Menschen, die man wie nutzlose Unkräuter herausgerissen hatte, ihre Rechte wieder verschafft und diese giftige Pflanze mit Namen Inquisition, die im Schatten gedieh, erstickt."

"Hätten sie diese Pflanze nicht ersticken können, ohne gleichzeitig die heiligen Stätten christlicher Kunst und deren Meisterwerke zu zerstören?"

"Die vermaledeite Pflanze musste mit Stumpf und Stiel herausgerissen werden, denn sie war ein zähes Kriechgewächs. Diese Klöster mussten bis auf ihre Grundmauern zerstört werden, darin verbarg sich ihre Wurzel."

"Nun gut, mein Vater, aber wo steckt die Schönheit in diesem jetzt dort wachsenden Dornengestrüpp und wozu ist es gut?"

Der Mönch sann einen Moment nach und antwortete: "Wie du sagtest, bist du Maler und so wirst du zweifellos eine Skizze dieser Ruinen anfertigen?"

"Sicherlich. Worauf willst du hinaus?"

"Wirst du diese grossen Brombeerranken auslassen, die sich um die Trümmer winden und sich im Winde wiegen, oder fügst du sie als willkommenen Bestandteil in deine Komposition ein, wie ich es bei einem Gemälde von Salvador Rosa gesehen habe?"

"Sie sind untrennbare Gefährten der Ruinen, und kein Maler wird darauf verzichten."

"Sie haben also ihre Schönheit, ihre Bedeutung und demzufolge ihren Nutzen."

"Dein Gleichnis wird davon nicht richtiger, mein Vater. Setze Bettler und Zigeuner auf diese Ruinen, und sie werden nur düsterer und trostloser. Dabei mag die Bildkomposition gewinnen. Was aber gewinnt die Menschheit?"

"Vielleicht ein schönes Bild und ganz sicher eine grosse Lehre. Aber ihr Künstler, die ihr diese Lehre erteilt, begreift nicht, was ihr tut. Ihr seht hier nur umgestürzte Steine und wuchernde Kräuter."

"Du bist streng. Wenn du so davon redest, könnte man dir entgegnen, dass du in dieser Katastrophe nur die Zerstörung deines Gefängnisses und deine wiedergewonnene Freiheit siehst. Ich vermute nämlich, mein Vater, dass das Kloster nicht nach deinem Geschmack war."

"Und du, mein Sohn? Würde dich die Liebe zur Kunst und zur Poesie auch dazu verleiten, hier ohne Bedauern zu leben?"

"In meiner Vorstellung wäre es für mich das schönste Leben der Welt gewesen. Oh dieses Kloster muss einst sehr weitläufig und von noblem Stil gewesen sein! Von welcher Pracht und Eleganz diese Überreste künden! Wie muss es wohltuend gewesen sein, des Abends hierher zu kommen, die sanfte Brise zu geniessen und beim Rauschen des Meeres zu träumen, auf diesen luftigen Terrassen mit ihren reichen Mosaiken, wenn das kristallklare Wasser in den Marmorbecken murmelte und eine silberne Lampe wie ein bleicher Stern hinten im Sanktuarium aufblitzte! Welchen tiefen Frieden, welche majestätische Stille konntet ihr geniessen, als euch die Hochachtung und das Vertrauen der Menschen wie eine unbezwingliche Festung umgaben. Als man sich jedes Mal bekreuzigte und die Stimme senkte, wenn man an euren geheimnisvollen Toren vorbeikam! Wer hätte hier nicht allen Sorgen, aller Erschöpfung und allem Ehrgeiz des gesellschaftlichen Lebens abschwören wollen, um sich hier in der Stille zu vergraben, die ganze Welt zu vergessen, unter der Bedingung, hier Künstler bleiben zu dürfen und sich zehn, zwanzig Jahre vielleicht ganz einem einzigen Bild widmen zu können. Man hätte es bedächtig, wie einen kostbaren Diamanten, poliert und erlebt, wie es auf einen Altar gehoben wird, wo es nicht vom ersten dahergelaufenen Ignoranten beurteilt und kritisiert, sondern als würdige Darstellung der Göttlichkeit selbst gegrüsst und angerufen worden wäre!"

"Fremder," sagte der Mönch in strengem Ton, "deine Worte sind anmassend, und deine Träume sind nur Eitelkeit. In dieser Kunst, von der du so hochtrabend sprichst und die du so erhebst, erblickst du nur dich selbst. Die Zurückgezogenheit, die du dir wünschst, wäre in deinen Augen nur ein

Mittel, um dich zu erheben und zu vergöttlichen. Ich begreife nun, wie du an diese egoistische Kunst glauben kannst, ohne an irgendeine Religion oder irgendeine Gesellschaftsform zu glauben. Aber vielleicht hast du dir diese Dinge nicht reiflich überlegt, ehe du sie aussprachst. Vielleicht ist dir nicht bekannt, was sich in diesen Schlupfwinkeln der Korruption und des Schreckens abspielte. Komm mit mir. Vielleicht wird das, was ich dir vorführen kann, zu einer Änderung deiner Gefühle und deiner Gedanken führen."

Der Mönch hiess den jungen Reisenden einen nicht ungefährlichen Weg über die Berge von Schutt und über unsichere, baufällige Spalten gehen und führte ihn zum Kern des zerstörten Klosters. An der Stelle, wo sich die Gefängnisse befunden hatten, liess er ihn vorsichtig hinabsteigen, entlang den massiv gebauten Mauern von fünfzehn Fuss Dicke, die Spaten und Hacke in ihrer ganzen Tiefe aufgerissen hatten. Am Boden dieser schrecklichen Kruste aus Steinen und Mörtel öffneten sich, wie klaffende Mäuler im Schoss der Erde, die Zellen ohne Luft und Licht. Sie waren durch ebenso dicke massive Wände voneinander getrennt wie auf ihren düsteren Gewölben lasteten.

"Junger Mann," sagte der Mönch, "diese Gruben, die du da siehst, sind keine Brunnen, auch keine Gräber. Das sind die Kerker der Inquisition. Jahrhunderte hindurch liess man hierin Menschen langsam vermodern - bis zum Tod. Es waren jene, die es, ob vor Gott schuldig oder unschuldig, ob von Lastern verdorben, ob der Raserei verfallen oder inspiriert von Genie und Tugend, gewagt hatten, anderer Meinung zu sein als die heilige Inquisition.

Die dominikanischen Padres waren gelehrt und gebildet, sogar Künstler. Sie hatten riesige Bibliotheken, in denen Bücher mit den Spitzfindigkeiten der Theologie in ihren goldgeprägten Moirébänden auf Ebenholzregalen ihre in Perlen und Rubinen ausgeführten Einlegearbeiten zur Schau stellten. Dennoch schafften sie den Menschen, dieses lebende Buch, in das Gott mit eigener Hand seinen Gedanken schrieb, lebend hinab und hielten ihn im Bauch der Erde versteckt. Sie besassen Gefässe aus ziseliertem Silber, von Edelsteinen schimmernde Abendmahlkelche, herrliche Gemälde und Madonnen aus Gold und Elfenbein. Dennoch lieferten sie den Menschen, dieses auserwählte Gefäss, diesen mit göttlicher Gnade gefüllten Kelch, dieses lebende Abbild Gottes, lebendig der Kälte des Todes und den Würmern des Grabes aus. Manche kultivierten Rosen und Osterglocken mit ebensoviel Sorgfalt und Liebe wie man einem heranwachsenden Kinde widmet. Sie empfanden aber kein Mitleid mit ihresgleichen, ihrem Bruder, den sie in der Feuchtigkeit des Verlieses verbleichen und verfaulen sahen.

Das also ist ein Mönch, mein Sohn, so also ist das Kloster. Brutale Unbarmherzigkeit einerseits, feige Angst andererseits. Egoistische Intelligenz oder gefühllose Frömmigkeit, das ist die Inquisition.

Als die Hand der Befreier Licht in diese fauligen Höhlen fallen liess, sind einige Säulen umgestürzt, und Vergoldungen haben ihren Glanz verloren. Müssen denn deswegen die Grabplatten wieder über die sterbenden Opfer geschoben und Tränen ob des Schicksals ihrer Peiniger vergossen werden, nur weil es ihnen an Gold und Sklaven ermangeln wird?"

Der Künstler war neugierig in eines der Löcher hinabgestiegen, um die Wände zu untersuchen. Einen Augenblick versuchte er, sich den Kampf vorzustellen, wie der lebendig begrabene menschliche Wille die entsetzliche Verzweiflung einer solchen Gefangenschaft ertragen könne. Doch kaum entstand dieses Bild in seiner lebhaften und beeindruckbaren Phantasie, als ihn auch schon Angst und Entsetzen erfüllten. Er glaubte, die Last dieser eisigen Gewölbe auf seiner Seele zu spüren. Er zitterte an allen Gliedern, er bekam keine Luft, und er spürte seine Kräfte versagen, als er aus diesem Abgrund herausstürzen wollte. Er streckte dem Mönch, der am Eingang geblieben war, die Arme entgegen und schrie: "Helft mir, mein Vater, um Himmels willen, helft mir hier heraus."

"Gut, mein Sohn," sagte der Mönch und hielt ihm die Hand hin, "deine Empfindungen angesichts der glitzernden Sterne über deinem Kopf lassen dich sicher nachempfinden, wie mir zumute war, als ich die Sonne nach zehn Jahren solcher Qualen wiedersah!"

"Ihr unglückseliger Mönch," rief der Künstler aus, als er schnell in den Klostergarten zurückkehrte.

"Wie konntet ihr zehn Jahre dieses vorausgenommenen Todes ertragen, ohne den Verstand oder das Leben zu verlieren? Hätte ich einen Moment länger dort unten bleiben müssen, wäre ich wahrscheinlich verrückt oder rasend geworden. Nein, ich hätte nicht geglaubt, dass der Anblick eines Verlieses so jähes, so tiefes Entsetzen hervorrufen kann. Ich fasse nicht, dass das Denken sich daran gewöhnen und damit abfinden kann. Ich habe die Folterinstrumente in Venedig gesehen, auch die Verliese des herzoglichen Palastes mit dem finsteren Kerker, in dem das Opfer von unsichtbarer Hand fiel, und die Platte, durch deren Löcher das Blut in das Kanalwasser floss, ohne Spuren zu hinterlassen. Dort habe ich nur die Vorstellung eines mehr oder weniger schnellen Todes. Doch in diesem Kerker, dem ich gerade wieder entfloh, muss sich der Geist dem entsetzlichen Gedanken des Lebens stellen. Oh mein Gott! Dort zu sein und nicht sterben zu können!"

"Schau mich an, mein Sohn," sagte der Mönch und entblösste sein kahles, runzliges Haupt. "Ich zähle nicht mehr Jahre als dein männliches Gesicht und deine klare Stirn aufweisen, und dennoch hast du mich zweifellos für einen Greis gehalten. Es ist unwichtig, womit ich meine langsame Agonie verdiente und wie ich sie ertrug. Ich bitte nicht um dein Mitleid. Ich bedarf seiner nicht, so glücklich und jung fühle ich mich heute angesichts dieser zerstörten Mauern und dieser verlassenen Kerker. Ich möchte dir auch keine Abscheu vor den Mönchen einflössen. Sie sind frei und ich ebenfalls. Gott ist gütig zu allen. Da du aber Künstler bist, wird es für dich heilsam sein, eine dieser Erschütterungen erfahren zu haben, ohne die ein Künstler sein Werk nicht verstünde.

Wenn du jetzt diese Ruinen malst, auf denen du vor kurzem vergangene Zeiten betrauert hast und in die ich jede Nacht zurückkehre, um mich niederzuwerfen und Gott für die Gegenwart zu danken, werden deine Hand und dein Geist vielleicht von einem grösseren Gedanken beflügelt als von feigem Bedauern oder steriler Bewunderung. Viele Bauwerke von unschätzbarem Wert für die Kunsthistoriker haben keinen anderen Verdienst als die Taten zu verewigen, um deretwillen die Menschen sie errichteten. Häufig handelte es sich um ungerechte oder kindische Taten. Da du viel gereist bist, hast du in Genua sicher einen über einer Schlucht errichteten gigantischen Viadukt gesehen, der zu einer reichen und plumpen Kirche führt, die mit grossem Aufwand in einem verlassenen Viertel aus Eitelkeit von einem Patrizier errichtet wurde. Er hatte die Schlucht und das Wasser nicht mehr überqueren oder sich in einer Kirche mit den Gläubigen seiner Gemeinde niederknien wollen. Du hast vielleicht auch die Pyramiden in Ägypten besucht, die fürchterliches Zeugnis der Völkerversklavung ablegen, oder diese Hünengräber, auf denen menschliches Blut in Strömen floss, um den unstillbaren Durst barbarischer Götter zu löschen. Doch ihr Künstler achtet ja meist bei Menschenwerken nur auf die Schönheit oder Einzigartigkeit der Ausführung, ohne euch mit dem Gedanken zu befassen, der das Werk entstehen liess. So bewundert euer Intellekt den Ausdruck eines Gefühls, dass euer Herz ablehnte, wenn es sich dessen bewusst wäre.

Infolgedessen ermangeln eure eigenen Werke häufig der Farben des echten Lebens. Dies trifft vor allem dann zu, wenn ihr euch, statt dem farbige Leben und den Taten Lebendiger Ausdruck zu verleihen, kühl bemüht, das der Toten zu interpretieren, für die ihr kein Verständnis aufbringt."

"Mein Vater," antwortete der junge Mann, "ich verstehe deine Lehren, und ich verwerfe sie nicht ganz. Aber glaubst du, dass eine solche Philosophie die Kunst inspirieren könnte? Du erklärst mit der Vernunft unserer Epoche, was der erfinderische Aberglaube unsere Väter in einem poetischen Delirium erfassen liess. Wenn wir nun an die Stelle der heiteren Götter Griechenlands die banalen Allegorien setzten, die unter ihren üppigen Formen versteckt sind, wenn wir anstelle der göttlichen Madonna der Florentiner eine dralle Schankmagd wie die Holländer malten; wenn wir schliesslich aus Jesus, dem Sohn Gottes, einen Naturphilosophen der Schule Platons machten: Dann blieben statt Göttern nur noch Menschen, ebenso wie wir hier statt eines christlichen Gotteshauses nur einen Haufen Steine vor Augen haben."

"Mein Sohn," fuhr der Mönch fort, "wenn die Florentiner der Jungfrau göttliche Züge gegeben haben, so deswegen, weil sie noch daran glaubten. Die Holländer verliehen ihr deshalb vulgäre Züge, weil sie schon nicht mehr daran glaubten. Und ihr schmeichelt euch heute, heilige Sujets zu malen, obwohl ihr nur an die Kunst glaubt, das heisst an euch selbst! Ihr werdet niemals Erfolg haben. Versucht also nur zu malen, was für euch greifbar und lebendig ist.

Wäre ich Maler, hätte ich ein schönes Bild gemalt, das dem Tag meiner Befreiung gewidmet wäre. Ich hätte kühne und starke Männer dargestellt, den Hammer in der einen und die Fackel in der anderen Hand, die in die Vorhölle der Inquisition eindringen, die ich dir zeigte, und die von der übelriechenden Steinplatte gespenstische Wesen mit glanzlosen Augen, mit fassungslosem Lächeln aufheben. Über allen diesen Köpfen hätte man wie einen Glorienschein das Licht des Himmels gesehen, das durch den Spalt im zerschlagenen Gewölbe auf sie fällt. Das wäre ein ebenso schönes, ebenso passendes Sujet für meine Zeit gewesen wie das Jüngste Gericht von Michelangelo für seine Zeit. Denn die Männer aus dem Volk, die dir wegen ihres groben Zerstörungswerks so verächtlich erscheinen, kamen mir viel schöner und viel edler als alle Engel des Himmels vor. Ebenso ist diese Ruine, die bei dir Traurigkeit und Beklemmung hervorruft, für mich eine Stätte tieferer Religiosität als sie es jemals vor ihrem Fall war.

Hätte ich den Auftrag, einen Altar zu errichten, der zukünftigen Generationen Zeugnis von der Grösse und der Macht der unseren ablegt, wollte ich dafür nichts anderes als diesen Trümmerberg, auf dessen Gipfel ich folgendes in den geweihten Stein meisselte:

In den Zeiten der Unwissenheit und der Grausamkeit huldigten die Menschen an diesem Altar dem Gott der Rache und der Qualen. Am Tag der Gerechtigkeit und im Namen der Menschlichkeit haben die Menschen diese blutbefleckten Altäre umgestürzt, die dem Gott der Barmherzigkeit ein Greuel waren."

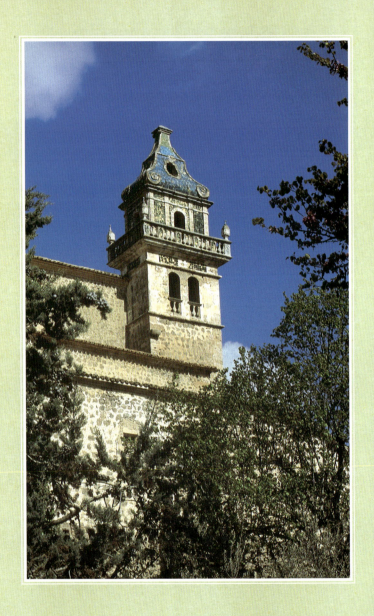

FÜNFTES KAPITEL

Ich habe diese Verliese mit ihren mächtigen, 14 Fuss dicken Mauern nicht in Palma, sondern in den Ruinen des Hauses der Inquisition in Barcelona gesehen. Es ist sehr gut möglich, dass in denen von Palma keine Gefangenen mehr waren, als das Volk dort eindrang. Der mallorquinischen Empfindlichkeit halber bitte ich um Vergebung für die dichterische Freiheit des Fragmentes, das Sie gerade gelesen haben.

Da man nichts erfindet, was nicht einen gewissen Wahrheitsgehalt hat, muss ich berichten, dass ich auf Mallorca einen Priester getroffen habe, heute Pfarrer einer Gemeinde in Palma, der mir erzählte, er habe sieben Jahre seines Lebens, die Blüte seiner Jugend, in den Gefängnissen der Inquisition verbracht. Er sei erst aufgrund der Protektion einer Dame, die ihn ausserordentlich schätze, den Kerkern entkommen. Er war ein Mann im besten Alter, mit recht lebhaften Augen und liebenswürdigem Betragen. Er schien dem Regime des Heiligen Offiziums nicht sehr nachzutrauern.

Zum Kloster der Dominikaner zitiere ich einen Passus von Grasset de Saint-Sauveur, den man bestimmt nicht der Parteilichkeit bezichtigen kann. Denn gleich zu Beginn hält er eine schwülstige Lobrede auf die Inquisitoren, mit denen er auf Mallorca in Verbindung gestanden hat:

"Im Kloster von Santo Domingo finden sich jedoch immer noch Gemälde zur Erinnerung an die in der Vergangenheit an den Juden verübten Grausamkeiten. Diese Unglücklichen wurden verbrannt, und jeder ist auf einem Gemälde dargestellt, auf dem sein Name, sein Alter und der Zeitpunkt seines Martertods vermerkt sind.

Man versicherte mir, dass die Nachkommen dieser Unglücklichen, die heute in Palma eine besondere Gruppe mit der lächerlichen Bezeichnung *Eulen* bilden, vor einigen Jahren vergeblich recht grosse Summen boten, damit diese schmerzlichen Erinnerungen entfernt werden. Ich konnte das nicht glauben.

Ich werde jedoch niemals den Tag vergessen, an dem ich durch das Kloster der Dominikaner wanderte und die traurigen Malereien schmerzlich berührt betrachtete. Da kam ein Mönch auf mich zu und wies mich darauf hin, dass einige dieser Gemälde mit gekreuzten Gebeinen gekennzeichnet waren. "Das sind," sagte er mir, "die Porträts derjenigen, deren Asche exhumiert und im Wind verstreut wurde." Mir gefror das Blut in den Adern und ich verliess den Ort auf der Stelle, mit wehem Herzen und tief schockiert.

Der Zufall liess mir einen Bericht in die Hände fallen, der 1755 im Auftrag der Inquisition gedruckt worden war und die Namen, Vornamen, Berufe und Verbrechen der Unglücklichen enthielt, die auf Mallorca in den Jahren 1645 bis 1691 verurteilt wurden.

Schaudernd las ich diesen Bericht. Dabei erfuhr ich, dass man vier Mallorquiner, davon eine Frau, als Anhänger des Judentums lebend verbrannt hatte; 32 andere waren wegen desselben Deliktes in die Kerker der Inquisition verbannt und ihre Körper nach ihrem Tod verbrannt worden; drei weitere, deren Asche exhumiert und in den Wind verstreut worden war; sodann ein Holländer, der als Lutheraner angeklagt; ein Mallorquiner des moslemischen Glaubens bezichtigt. Sechs Portugiesen, darunter eine Frau, und sieben Mallorquiner, die wegen einer Anklage des Judentums *in effigie* verbrannt wurden, denn sie konnten glücklich entkommen. Ich zählte 216 weitere Opfer, Mallorquiner und Ausländer, die des Judaismus, der Ketzerei oder des moslemischen Glaubens beschuldigt waren, die das Gefängnis verlassen durften, nachdem sie öffentlich widerrufen hatten und in den Schoss der Kirche zurückgebracht worden waren.

Dieser entsetzliche Katalog schloss mit einem nicht minder grauenvollen Erlass der Inquisition."

Monsieur Grasset zitiert hier den spanischen Text, dessen genaue Übersetzung folgt:

"Alle in diesem Bericht genannten Schuldigen sind vom Heiligen Offizium als eindeutige Ketzer öffentlich

verurteilt worden. Alle ihre Besitztümer wurden konfisziert und dem königlichen Fiskus zugeführt. Sie wurden für unfähig und untauglich erklärt, irgendwelche geistlichen oder weltlichen Ämter oder Pfründe, sonstige öffentliche oder Ehrenämter zu bekleiden oder damit betraut zu werden. Weder sie selbst noch ihnen Zugehörige dürfen Gold oder Silber, Perlen, kostbare Steine, Koralle, Seide, Camelot (leichter Wollstoff mit Ziegenhaar) noch feines Tuch tragen. Es ist ihnen verboten, auf Pferden zu reiten, Waffen zu tragen oder andere Dinge auszuüben oder zu benutzen, die durch allgemeines Recht, Gesetz und königliche Verordnungen in diesem Königreich, durch Erlasse und Brauch des Heiligen Offiziums diesen so entehrten Individuen verboten sind. Die gleichen Verbote erstrecken sich bei zum Tode durch Feuer verurteilten Frauen auf ihre Söhne und Töchter und bei den Männern bis auf ihre Enkel in der männlichen Linie. Gleichzeitig wird das Andenken an die in effigie Hingerichteten verdammt, mit der Anordnung, ihre Gebeine (wenn man sie denn von denen gläubiger Christen unterscheiden kann) zu exhumieren, der Justiz und ihrem weltlichen Arm zurückzugeben zur Verbrennung und zur Veraschung. Alle Inschriften, die sich auf den Grabstätten oder Wappen finden, wo auch immer eingemeisselt oder aufgemalt, sind auszulöschen und abzukratzen, so dass von ihnen auf dem Angesicht dieser Erde nur die Erinnerung an ihre Verurteilung und deren Vollstreckung bleibt."

Wenn man in derartigen Dokumenten aus uns gar nicht so fernen Zeiten liest und den unauslöschlichen Hass darin sieht, mit dem diese unglückliche Rasse, nach 12 oder 15 Generationen zum Christentum konvertierter Juden, auf Mallorca noch verfolgt wird, ist es kaum glaubhaft, dass der Geist der Inquisition dort so vollkommen ausgelöscht wurde wie zu Zeiten des Erlasses von Mendizábal behauptet wurde.

Zum Abschluss dieses Kapitels muss ich - ehe wir das Kloster der Inquisition verlassen - meinen Lesern von einer seltsamen Entdeckung berichten. Die Ehre dafür gebührt ganz Monsieur Tastu. Vor 30 Jahren hätte der Gelehrte sein Glück mit ihr machen können oder aber er hätte sie fröhlichen Herzens den weltlichen Herren überbracht, ohne etwas für sich herauszuschlagen. Letztere Vermutung dürfte seiner Sorglosigkeit und dem Desinteresse des Künstlers eher entsprochen haben. Diese Notiz ist zu interessant, um sie zu kürzen. Sie folgt in der Form, die ich zur Veröffentlichung erhielt:

KLOSTER DES SANTO DOMINGO IN PALMA DE MALLORCA

Miguel de Fabra, Gefährte des heiligen Dominikus, ist der Gründer des Ordens der Predigerbrüder in Mallorca. Er stammte aus Altkastilien und begleitete König Jaime I. im Jahr 1229 bei der Eroberung der grossen Baleareninsel. Als hochgebildeter und aussergewöhnlich frommer Mann galt er als Autorität beim *Conquistador*, dessen noblen Begleitern bis hin zu den einfachen Soldaten. Er hielt feurige Reden an die Truppen, zelebrierte die Heiligen Messen, erteilte die Kommunion und bekämpfte die Ungläubigen wie alle Geistlichen zu jener Zeit. Die Araber behaupteten, dass allein die Heilige Jungfrau und Pater Miguel sie besiegt hätten. So ist übermittelt, dass die aragonesisch-katalanischen Soldaten zuerst zu Gott und der Heiligen Jungfrau und dann zu Vater Miguel Fabra beteten.

Der berühmte Dominikaner empfing seine Ordenstracht aus den Händen seines Freundes Dominikus in Tolosa. In seinem Auftrag reiste er

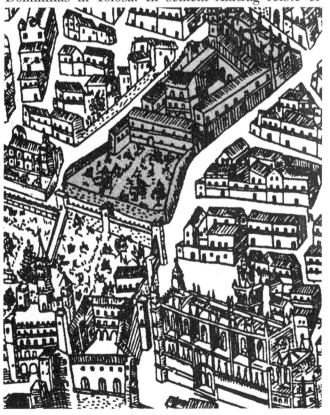

zusammen mit zwei weiteren Gefährten in einer wichtigen Mission nach Paris. Aufgrund einer Schenkung des Sachwalters des ersten Bischofs von Mallorca, Don J. R. de Torella, im Jahr 1231, ist ihm die Gründung des ersten Dominikanerklosters in Palma zuzuschreiben.

Als erste Gründung diente eine Moschee sowie etwas dazugehöriges Land. Die Gemeinschaft der Brüder vergrösserte sich in den folgenden Jahren durch einen lukrativen Handel mit Waren aller Art sowie durch die recht häufigen Schenkungen von den Gläubigen. Der Gründer, Bruder Miguel de Fabra, war indessen in Valencia gestorben, an dessen Eroberung er teilnahm.

Der Architekt des Dominikanerklosters war Jaime Fabra. Es ist nicht bekannt, ob er aus der Familie seines berühmten Namensvetters, Pater Miguel, stammte, sondern lediglich, dass er seine Pläne etwa 1296 vorlegte und in späteren Jahren auch die Kathedrale von Barcelona (1317) ebenso wie andere Gotteshäuser im Reich der Könige von Aragon entwarf.

Das Kloster und seine Kirche wurden im Lauf der Zeit vielfach erweitert und umgebaut, was bei einem Vergleich der verschiedenen Teile der vom Mob zerstörten Bauwerke leicht erkennbar ist. Kaum ein reichverziertes Portal im Stil des 14. Jahrhunderts blieb erhalten. Doch die zerbrochenen Bögen und die auf den Trümmern liegenden schweren Gewölbeabschlusssteine zeigen das Wirken anderer und wesentlich schlechterer Architekten als Jaime Fabra.

Auf diesem weiten Trümmerfeld, auf dem nur einige jahrhundertealte Palmen - nur auf unsere inständige Bitte - stehen geblieben sind, können wir wie bei den Klöstern der Heiligen Katharina und des Heiligen Franz in Barcelona über die rigorose Politik klagen, die unterschiedslos alles zerstören liess.

Kunst und Geschichte haben nichts mit der Zerstörung der Klöster des Heiligen Hieronimus in Palma oder des Heiligen Franziskus angrenzend an die *Muralla de Mar* in Barcelona zu tun. Doch warum konnte man nicht im Namen der Geschichte und der Kunst das Kloster der Heiligen Katharina in Barcelona und das des Heiligen Dominikus in Palma als Baudenkmäler erhalten? Im Schutz ihrer Kirchenschiffe befanden sich die Gräber der Wohltäter, *las sepulturas de personas de be*, wie wir einem kleinen Heft aus den Archiven des Klosters entnehmen können. Neben den Namen von *N. Cotoner*, Grossmeister der Malteser, *Dameto, Muntaner, Villalonga, La Romana* - findet sich auch *Bonapart!* Dieses Buch, ebenso wie alles, was aus dem Kloster stammte, gehört heute einem Abbruchunternehmer.

Dieser Mann ist ein wahrhaft echter Mallorquiner, der auf den ersten Eindruck reserviert wirkt, dann aber in seinen Bann zieht und fasziniert. Angespornt von unserem Interesse an den Ruinen und der Historie sowie als Verehrer des grossen Napoleon wie im übrigen jeder Mann des Volkes, sputete er sich, uns das mit Wappen verzierte Grab der Bonapart, seiner Ahnen, nach mallorquinischer Tradition zu zeigen. Es kam uns seltsam genug vor, um einige diesbezügliche Nachforschungen anzustellen. Wir konnten dem jedoch nicht die notwendige Zeit und Aufmerksamkeit widmen, da wir mit anderen Arbeiten beschäftigt waren.

Wir haben das Wappen der Bonapart, das folgendermassen aussieht:

Blaues Feld mit sechs jeweils paarweise angeordneten sechszackigen Goldsternen; rotes Feld mit einem sich aufbäumenden Goldlöwen mit geflecktem Fell, Kopf im Profil; oberes Drittel: Gold mit schwarzem, steigendem Adler, Kopf im Profil.

in den nachfolgenden Veröffentlichungen wiedergefunden:

1. In einem Adelskalender oder Wappenbuch, das zu den in der Bibliothek des Grafen von Montenegro enthaltenen Schätzen gehört, aus dem wir ein Faksimile dieser Wappen entnommen haben.

2. In einem anderen spanischen Adelskalender in schlechterer Ausführung in Barcelona, der im Besitz des Archivars der Krone von Aragon ist.

Dort findet sich unter dem Datum des 15. Juni 1549 der Adelsnachweis der Familie Fortuny. Darin figuriert in den vier Feldern auch die mütterliche Ahnherrin aus dem Hause Bonapart.

Das Register - *Index: Pedro III, Band II der Archive der Krone von Aragon* - erwähnt zwei Urkunden mit dem Datum von 1276 bezüglich der Mitglieder der Familie Bonpar. Dieser Name, dessen Ursprung in der Provence oder im Languedoc liegt, wurde wie viele andere auch dem Mallorquinischen angepasst und damit zu Bonapart.

1411 ging der gebürtige Mallorquiner *Hugo Bonapart* als Regent oder Gouverneur für König Martin von Aragon nach Korsika. Auf ihn kann man den Ursprung der Familie Bonaparte, oder später Buonaparte, zurückführen. Ergo ist Bonapart der romanische Name, Bonaparte altitalienisch und Buonaparte neuitalienisch. Die Mitglieder der Familie Napoleons unterzeichneten sowohl mit Bonaparte als auch mit Buonaparte.

Hätten diese schwachen Hinweise, einige Jahre früher entdeckt, vielleicht grosse Bedeutung erlangt, wenn Napoleon, der so erpicht darauf war, als Franzose zu gelten, hätten nachweisen können, dass seine Familie aus Frankreich stammte?

Die Entdeckung von Monsieur Tastu ist immer noch interessant, obwohl sie politisch heute nicht mehr so ins Gewicht fällt. Hätte ich etwas bei der Vergabe der Mittel der französischen Regierung für die Geisteswissenschaften zu bestimmen, bedächte ich diesen Biographen mit den Mitteln zur Auswertung und Vervollständigung seiner Entdeckung.

Ich gebe zu, dass es heute wohl kaum ins Gewicht fiele, wenn die französische Abstammung Napoleons zu belegen wäre. Nach meiner Auffassung war dieser grosse Feldherr (ich bitte die herrschende Meinung um Verzeihung) kein so grosser Fürst als vielmehr eine von Natur aus grosse Persönlichkeit, die es verstanden hat, sich von Frankreich adoptieren zu lassen. Die Nachwelt wird nicht danach fragen, ob seine Ahnen Florentiner, Korsen, Mallorquiner waren oder aus dem Languedoc stammten. Doch der Historiker wird immer gern den Schleier dieser Ahnenreihe lüften, in der Napoleon sicher kein unvorhergesehener Zufall, kein isoliertes Unikum ist. Sicher lassen sich bei richtiger Suche in den vorhergehenden Generationen der Familie würdige Männer oder Frauen finden, die dieser Nachkommenschaft ebenbürtig sind. Bei diesen Wappen und Insignien hier ist das Gesetz der Gleichheit widerlegt. Für den Historiker jedoch können sie sehr bedeutsame Dokumente sein, die Licht auf das kriegerische oder ehrgeizige Geschick der früheren Bonaparte werfen könnten.

Welcher Stolz und Symbolgehalt spricht aus den Wappen dieser mallorquinischen Herren! Der Löwe in Kampfhaltung, der mit Sternen übersäte Himmel, aus dem der prophetische Adler sich zu lösen sucht. Ist das nicht die geheimnisvolle Hieroglyphe eines aussergewöhnlichen Schicksals? Hatte Napoleon, der dem Zauber der Sterne abergläubisch verfallen war und in Frankreichs Wappen den Adler einfügte, vielleicht doch Kenntnis von seinem mallorquinischen Wappen? Hat er deshalb über seine spanischen Ahnen geschwiegen, weil er sie nicht bis zum vermuteten Ursprung der provençalischen Bonpar zurückverfolgen konnte? Es ist das Schicksal grosser Männer, dass die Völker nach ihrem Tod über ihre Herkunft oder Grabstätte streiten

PROVAS DE PERA FORTUNY
A 13 DE JUNY DE 1549
Herkunftsnachweis der Fortuny am 13. Juni 1549

FORTUNY

Sein Vater, altes Adelsgeschlecht aus Mallorca

Wappen: Silbergrund, fünf schwarze Taschensandkrebse, zwei, zwei, eins

BONAPART

väterlicher Vorfahr, altes Adelsgeschlecht Mallorcas

Hier fehlte die Erklärung des Wappens: die Unterschiede stammen vom Maler dieses Adelskalenders. Er hat nicht abgezählt, was er durchpauste; er war ungenau.

COS

Seine Mutter, Adelsgeschlecht aus Mallorca

Wappen: rotes Feld, Bär in gold, mit ebenfalls goldener bourbonischer Lilie auf dem Kopf

GARI

mütterliche Vorfahrin, altes Adelsgeschlecht Mallorcas

Wappen: Längs in der Mitte geteilt, rotes Feld mit drei silbernen Türmen, zwei, eins; blaues Feld mit drei wellenförmigen Silberstreifen

BONAPART

Entstammt einem Wappenkalender, der die Wappen der wichtigsten Familien Mallorcas enthielt, etc.etc.
Dieses Werk gehörte Don Juan Dameto, Chronist in Mallorca, gestorben 1633, und wurde in der Bibliothek des Grafen von Montenegro aufbewahrt.
Datiert aus dem 16. Jahrhundert.
Mallorca, 20. September 1837.
Monsieur Tastu

Dritter Teil

ERSTES KAPITEL

twa Mitte Dezember machten wir uns eines schönen Morgens auf nach Valldemossa und nahmen unsere Kartause in der schönen strahlenden Herbstsonne - die heute für uns immer seltener wird - in Besitz. Nachdem wir die fruchtbaren Ebenen von *Establiments* durchquert hatten, gelangten wir in eine eigenartig wechselnde Landschaft, die mal bewaldet, mal trocken und steinig, mal feucht und frisch ist. Sie scheint auf unvergleichbare Weise durcheinandergewirbelt zu sein.

Ausgenommen vielleicht in einigen Tälern der Pyrenäen, hat sich die Natur nie so frei vor mir entfaltet wie auf diesem weiten Heide- und Buschgelände Mallorcas. Die recht grossen Flächen waren für mich gewissermassen das naturgewordene Dementi der Behauptung der Mallorquiner, ihre gesamte Insel perfekt kultiviert zu haben.

Ich dachte jedoch nicht daran, ihnen daraus einen Vorwurf zu machen, denn nichts ist schöner als diese brachliegenden, naturbelassenen Landstriche, in denen unbekümmert alles wächst, wie es ihm gefällt:

verkrümmte, gebeugte, zerzauste Bäume, erschrekkende Dornensträucher, herrliche Blumen, Moos- und Binsenteppiche, dornige Kapernbüsche, zarter und anmutiger *Asphodelus (Affodill, Lilienart)*. Alles zeigt sich dort in seiner gottgefälligen Form. Es gab wilde Schluchten, Hügel, unvermittelt in einem Steinbruch endende steinige Pfade, grünende Wege, die hinterhältig in einem Bachbett verschwanden. Eine freundlich einladende Wiese endete jäh am steil abfallenden Hang eines Berges. Ein dichtes Gehölz war mit Steinen wie vom Himmel gefallen übersät. Wege kreuzten sich am Rande eines *Torrentes* zwischen Myrten- und Geissblattbüschen. Schliesslich tauchte dazwischen, wie eine Oase in der Wüste, ein Bauernhof auf mit seiner Palme gleich einem Ausguck, der dem Reisenden als Wegweiser in der Einsamkeit dient.

Weder in der Schweiz noch in Tirol bin ich auf einen derartigen Anblick freier und archaischer Schöpfung gestossen, wie sie mich in Mallorca so bezaubert hat. Es schien mir, dass die Natur mit den allzu rauhen Wetterunbilden an den wildesten Stellen der Schweizer Berge sich der Menschenhand nur entzog, um Beute der ungezähmten Gewalt des Himmels und Sklave ihrer selbst zu werden und sich selbst zu zerreissen wie ein Mensch, der nicht mehr Herr seiner selbst, aber alleingelassen ist.

Auf Mallorca blühte sie unter den Küssen einer glühenden Sonne auf und lächelte unter den jähen feuchten Windstössen, die sie vom Meer her überbrausten. Nach dem Gewitter erhebt sich die niedergedrückte Blume noch viel kräftiger, der geknickte Stamm bringt mehr Schösslinge hervor. Obwohl es auf dieser Insel eigentlich keine Einöde gibt, geben ihr die nicht angelegten Wege einen Hauch von Verlassenheit oder Rebellion. Sie ähnelt dann den schönen weiten Savannen Louisianas, in die ich in den Lieblingsträumen meiner Jugend meinem Helden *René* auf den Spuren von Atala oder Chactas folgte.

Ich bin ziemlich sicher, dass den Mallorquinern diese Lobrede auf Mallorca kaum gefallen wird. Sie behaupten nämlich, sehr angenehme Strassen zu haben. Ich leugne nicht, dass sie angenehm anzuschauen sind, doch mit der Kutsche auf den Strassen - Sie werden sie verdammen.

Als Mietfahrzeug des Landes dient die *Tartana*, ähnlich einer unserer Mietkutschen, ohne jegliche Federung, die von einem Pferd oder einem Muli gezogen wird. Dann gibt es den *Birlocho*, eine viersitzige Kutsche. Beide Wagen sitzen auf einer gegabelten Deichsel auf und haben solide Räder mit massiven Eisenbeschlägen; im Innern sind sie handbreit mit Wollflocken ausgepolstert. Eine solche Polsterung stimmt schon etwas nachdenklich, wenn man zum ersten Mal in diesem so freundlich einladenden Vehikel Platz nimmt! Der Kutscher sitzt auf einem Brett, das ihm als Bock dient, die Beine auf den Deichseln abgestützt und die Kruppe des Pferdes zwischen den Beinen, so dass er das Vergnügen hat, gleichzeitig sowohl auf dem Gefährt als auch auf dem Pferd zu sitzen. Infolgedessen bekommt er nicht nur alle Stösse seines Karrens, sondern auch alle

Bewegungen seines Tiers zu spüren. Er scheint mit dieser Kutschiererei aber ganz zufrieden zu sein, denn er singt die ganze Zeit, ganz gleich, wie fürchterlich er auch durchgerüttelt wird. Er unterbricht seinen Gesang nur, um sein Pferd mit grauenhaften Flüchen zu bedenken, wenn das arme Tier sich nicht in irgendeinen Abgrund stürzen oder Felswände erklimmen will.

So also fährt man: Hohlwege, Sturzbäche, Schlammlöcher, Hecken und Gräben legen sich vergeblich in den Weg. Wegen solcher Lappalien hält man nicht an. Das alles ist nämlich: "die Strasse".

Anfänglich hält man dies Hindernisrennen querfeldein für ein unmögliches Unterfangen, einen schlechten Witz. Man fragt seinen Führer, ob ihn vielleicht der Hafer steche. *"Das ist die Strasse,"* ist die Antwort. "Aber dieser Fluss?" *"Das ist die Strasse."* "Und dieses tiefe Loch?" *"Auch die Strasse."* "Und dieses Strauchwerk auch?" *"Immer noch die Strasse."* "Na, prächtig!"

Also bleibt einem nichts anderes übrig, als sich damit abzufinden, die Matratze im Wagenkasten zu segnen, ohne die man unweigerlich gebrochene Glieder hätte, seine Seele Gott anzuempfehlen und die Landschaft zu betrachten und auf den Tod oder ein Wunder zu warten.

Und dennoch kommt man manchmal heil und gesund an, dank des in sich ausbalancierten Wagens, der kräftigen Beine des Pferdes und vielleicht dank der Lässigkeit des Kutschers, der das Pferd sich den

Weg suchen lässt und mit untergeschlagenen Armen gelassen seine Zigarre raucht, während sich ein Rad noch auf dem Berg und das andere schon im Abgrund dreht.

Man gewöhnt sich schnell an eine Gefahr, die andere völlig kalt lässt: dennoch ist die Gefahr sehr real. Man kippt zwar nicht immer um; doch wenn, erhebt man sich nicht so schnell wieder. Monsieur Tastu stiess dies im folgenden Jahr auf unserer Strasse nach Establiments zu: er blieb wie tot liegen. Davon sind ihm schreckliche Kopfschmerzen geblieben, was jedoch seinem Wunsch, wieder nach Mallorca zurückzukehren, keinen Abbruch tat.

Die Menschen hier haben fast alle irgendein Fahrzeug. Die Adligen besitzen Karossen der Zeit Ludwigs XI., mit glockenförmigen Wagenkästen, teilweise mit acht Fenstern, und riesigen Rädern, die allen Hindernissen trotzen. Vier oder sechs starke Maultiere ziehen diese schweren, schlecht gefederten Gefährte mit Leichtigkeit. Trotz ihres schwerfälligen pompösen Aussehens sind sie doch geräumig und solide und fahren sogar im Galopp und mit einer unglaublichen Kühnheit durch angsteinflössende Engpässe. Dabei kommt man natürlich nicht ohne einige Prellungen, Beulen am Kopf und zumindest einem Gefühl der Zerschlagenheit davon.

Der rechtschaffene Miguel de Vargas, ein wahrhaft spanischer Schriftsteller, der nie einen Witz macht, berichtet von *los horrorosos caminos - fürchterlichen Wegen* - auf Mallorca: *"En cuyo esencial ramo de policía no se puede ponderar bastantemente el abandono de esta Balear. El que llaman camino es una cadena de precipicios intratables, y el tránsito desde Palma hasta los montes de Galatzó presenta al infeliz pasagero la muerte a cada paso"* etc.[1] In der Nähe der Städte sind die Wege etwas weniger gefährlich. Sie haben jedoch den gravierenden Nachteil, dass sie zwischen zwei Mauern, Hecken oder Gräben einge-

---

(1) ("In diesem wichtigen Bereich kann man die Fahrlässigkeit auf dieser Insel nicht genug übertreiben. Was sie Strasse nennen, ist eine Reihe unzugänglicher Abgründe. Auf der Fahrt von Palma in die Berge um den Galatzó begegnet der unglückliche Passagier dem Tod auf Schritt und Tritt" etc.)

klemmt sind, so dass zwei Wagen nicht aneinander vorbeifahren können. Wenn das geschieht, müssen die Ochsen des Karrens oder die Pferde des Wagens ausgespannt werden, und eines der beiden Gefährte muss nicht selten ein langes Stück zurückfahren. Das führt zu endlos langen Diskussionen darüber, wer das tun muss. In dieser Zwangspause kann der wartende Reisende nichts besseres tun als zu seiner persönlichen Erbauung den mallorquinischen Grundsatz zu wiederholen: *amb mucha calma*. Immer mit der Ruhe.

Obwohl die Mallorquiner für den Unterhalt ihrer Strassen nur wenig Geld ausgeben, haben sie den Vorteil, dass sie unendlich viele davon haben. Man hat nur die Qual der Wahl. Ich bin den Weg von der Kartause nach Palma nur dreimal hin und zurück gefahren. Sechsmal war es eine andere Route, und sechsmal hat sich der Kutscher verfahren und liess uns durch Berge und Täler irren, unter dem Vorwand, eine siebente Strasse zu suchen, von der er behauptete, es sei die beste von allen - er hat sie aber nie gefunden.

Von Palma nach Valldemossa sollen es drei Meilen (ca. 12 km) sein, aber drei mallorquinische Meilen, für die man in zügiger Fahrt mindestens drei Stunden braucht. Auf den ersten beiden geht es unmerklich bergan. Auf der dritten kommt man in die Berge und folgt einer sehr gut geebneten Steigung (vermutlich früher von den Kartäusern angelegt), die aber sehr eng und steil und viel gefährlicher ist als der ganze Rest des Weges.

Dort stösst man nun auf die gebirgige Seite Mallorcas. Doch obwohl die Berge zu beiden Seiten der Schlucht emporragen und der Wildbach von Felsen zu Felsen springt, nimmt diese Gegend nur mitten im Winter das wilde Aussehen an, dass die Mallorquiner ihr zuschreiben. Im Dezember war der Wildbach trotz der kürzlichen Regenfälle noch ein liebliches Bächlein, das zwischen Gräsern und Blumenbüscheln dahinplätscherte. Der Berg lächelte, und das enge Tal von Valldemossa öffnete sich vor uns wie ein Garten im Frühling.

Um zur Kartause zu gelangen, muss man laufen; denn kein Karren kommt den steilen Pflastersteig hinauf, der dorthin führt. Dieser Weg entzückt das Auge, wenn er sich in kühnen Windungen zwischen schönen Bäumen hindurchschlängelt. Bei jeder Biegung entdeckt man bezaubernde Ausblicke, die immer schöner werden, je höher man steigt. Nirgends sah ich soviel Heiterkeit und zugleich soviel Melancholisches wie in diesen Landschaften, in denen sich die Farbschattierungen der Steineiche, des Johannisbrotbaums, der Pinie, des Olivenbaums, der Pappeln und der Zypressen in tiefen Tälern vermischen, wahre Schluchten von Grün, in denen der Wildbach unter Büschen von verschwenderischer Pracht und unnachahmlicher Grazie hinabeilt. Ich werde niemals eine bestimmte Biegung des Bergweges vergessen, an der man, wenn man nach hinten schaut, eines dieser hübschen arabischen Häuschen, die ich beschrieb, entdeckt. Es liegt auf einer Bergkuppe, halbversteckt hinter seiner Feigenkakteenhecke, und mit einer grossen, sich über die

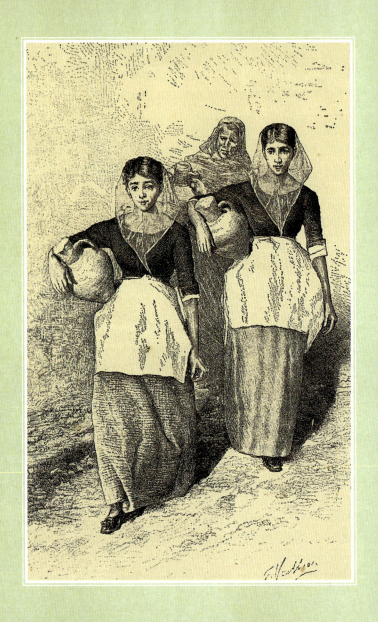

Schlucht neigenden Palme, deren Silhouette sich am Himmel abzeichnet. Wenn ich bei Schmutz und Nebel in Paris melancholisch werde, schliesse ich die Augen und sehe wie im Traum wieder diesen grünen Berg, die fahlgelben Felsen und die einzelne Palme, verloren in einem rosigen Himmelsgrund.

Die Bergzüge um Valldemossa herum erheben sich in immer enger werdenden Plateaus, die oben in einen Trichter, von hohen Bergen umgeben, münden, im Norden von einer weiteren geneigten Ebene begrenzt, auf deren Anfang das Kloster liegt. Die Kartäuser haben die Rauheit dieses romantischen Winkels mit beträchtlichem Einsatz gemildert. Aus der abschliessenden Talmulde schufen sie einen weiten Garten, umschlossen von Mauern, die den Blick nicht stören. Die Einfriedung mit pyramidenförmigen Zypressen, paarweise auf verschiedenen Ebenen angeordnet, lässt ihn aussehen wie eine Friedhofskulisse der Oper.

Dieser mit Palmen und Mandelbäumen bestandene Garten nimmt den ganzen hinteren Hang der Talmulde ein und steigt in weiten, abgestuften Terrassen bis zu den ersten Bergebenen an. Im Mondlicht, wenn die Schatten die Höhenunterschiede bei den Terrassenabsätzen verwischen, könnte man ihn für ein Amphitheater halten, das für Gigantenkämpfe zugeschnitten ist. In der Mitte unter einer schönen Palmengruppe sammelt ein steinernes Becken das Quellwasser der Berge und bewässert die tiefergelegenen Terrassen über steinerne Rinnen, ähnlich wie in der Umgebung von Barcelona. Die Anlage ist so weitläufig und erfinderisch, dass sie wohl auf Mallorca wie in Barcelona von den Mauren stammt. Solche Kanäle durchziehen das ganze Inselinnere; die Kanäle vom Garten der Kartäuser verlaufen neben dem Bett des Wildbachs bis nach Palma, das sie das ganze Jahr hindurch mit frischem Wasser versorgen.

An der Nordseite des Berges, an dem oben die Kartause liegt, öffnet sich ein weites Tal, das sich ausweitend sanft bis zur steil abfallenden Küste ansteigt, an deren Fuss das Meer brandet und sie unterspült. Die Bergkette teilt sich in zwei Richtungen, nämlich zum Festland ausgerichtet und nach Osten. Damit beherrscht man von dieser malerischen Kartause aus das Meer nach zwei Seiten. Im Norden hört man es tosen, doch zeigt sich gen Süden nur eine feine glänzende Linie über den abfallenden Bergen und der weit sich erstreckenden Ebene. Es ist ein erhabenes Bild: im Vordergrund eingerahmt von schwarzen, pinienbestandenen Felsen, gefolgt von kühn gezackten Bergen, gesäumt von prachtvollen Bäumen, dann in dritter und vierter Linie dahinter sanft gerundete Hügel, die von der untergehenden Sonne in ganz warmen Tönen vergoldet werden, und auf deren Grat das Auge selbst in kilometerweiter Entfernung die mikroskopisch kleine Silhouette der Bäume ausmacht, zart wie Schmetterlingsfühler, schwarz und deutlich wie mit chinesischer Tusche auf einem glitzernden Goldgrund gezeichnet. Die Ebene bildet diesen leuchtenden Hintergrund; doch auf diese Distanz könnte man sie schon für das Meer halten, wenn die Bergnebel langsam aufsteigen und einen durchsichtigen Schleier über die Tiefe breiten. Das Meer liegt noch weiter entfernt; und wenn die Sonne wieder aufgeht und die Ebene wie ein blauer See daliegt, zeichnet das Mittelmeer ein Band aus feurigem Silber am Rande dieses hinreissenden Fernblicks.

Das ist einer der Ausblicke, die fast bedrückend nichts mehr zu wünschen übrig, nichts mehr der Vorstellung überlassen. Alles, was Dichter und Maler sich erträumen können, hat die Natur an dieser Stelle geschaffen. Ein gewaltiges Ganzes mit unzähligen Einzelheiten in unerschöpflicher Vielfalt, wirren Formen, ausgeprägten Konturen, verschwommenen Tiefen, alles ist vorhanden, und die Kunst kann dem nichts hinzufügen. Um das Werk Gottes zu schätzen und zu verstehen, reicht der Geist nicht immer aus. Wenn er dann auf sich selbst zurückfällt, wird er seine Ohnmacht spüren, einen wie auch gearteten Ausdruck für diese Unermesslichkeit des Lebens, die in den Bann schlägt und trunken macht, zu schaffen. Ich empfehle den von Eitelkeit geplagten Künstlern, sich derartige Orte gut und möglichst häufig anzuschauen. Mir scheint, dass sie hier von dieser göttlichen Kunst, die die ewige Schöpfung der Dinge regiert, etwas von dem Respekt lernen können, der ihnen fehlt, was mich ihre schwülstige Ausdruckweise vermuten lässt.

Ich meinerseits habe jedenfalls die Hohlheit von Worten niemals stärker gespürt als in den Stunden, in denen ich mich in der Kartause der Betrachtung widmete. Es gab wohl religiöse Anwandlungen. Aber es gelang mir nicht, eine andere Formel dafür zu finden als die: *Guter Gott, sei gelobt, dass du mir so gute Augen gegeben hast!*

Ansonsten meine ich, dass, wenn gelegentliches Geniessen solcher erhebenden Naturschauspiele auch erfrischend und wohltuend ist, es Gefahr birgt, wenn sie ständig vorhanden sind. Man gewöhnt sich an ein Leben mit dem Übermass und empfindet es nicht mehr. Das erklärt auch, warum im allgemeinen weder die Mönche die Poesie ihrer Klöster empfinden noch die Bauern und Hirten die Schönheit ihrer Berge.

Uns blieb nicht genug Zeit, all diesem überdrüssig zu werden, denn nahezu jeden Abend bei Sonnenuntergang fiel Nebel ein und beschleunigte das Ende dieser ohnehin so kurzen Tage, die wir in diesem Talkessel hatten. Bis Mittag umhüllte uns der grosse Berg zur Linken mit seinem Schatten, und um drei Uhr fiel der Schatten des anderen zur Rechten auf uns. Was waren das für schöne Lichteffekte, die wir beobachten konnten, wenn die schrägen Strahlen durch die Risse in den Felsen fielen oder über die Kuppen der Berge glitten und goldene oder purpurne Zierkämme auf unseren mittleren Ebenen zeichneten! Unsere Zypressen, die wie schwarze Obelisken als Kontrast im Hintergrund des Bildes dienten, badeten manchmal ihre Wipfel in diesem glutroten Licht; die Dattelbüschel unserer Palmen erschienen wie Trauben aus Rubin, und eine grosse Schattenlinie, die das Tal schräg durchschnitt, teilte es in zwei Hälften: die eine durchflutet von der Klarheit des

Sommerlichts und die andere, die sich dem Blick bläulich und kalt wie eine Winterlandschaft darbot.

Die Kartause von Valldemossa, die entsprechend der Kartäuserregel genau 13 Mönche einschliesslich des Priors zählte, war nicht unter das Dekret gefallen, wonach 1836 alle Klöster, deren Gemeinschaft weniger als 12 Personen umfasste, abzureissen waren. Wie jedoch alle anderen auch, waren die hiesigen Mönche vertrieben und das Kloster säkularisiert worden, das heisst, es wurde als Staatsbesitz betrachtet. Da der mallorquinische Staat nicht wusste, was er mit dieser weiträumigen Anlage anfangen sollte, hatte er entschieden, sie verfallen zu lassen und zwischenzeitlich die Zellen an die zu vermieten, die darin wohnen wollten. Obwohl nur eine äusserst bescheidene Miete verlangt wurde, hatten die Einwohner von Valldemossa davon keinen Gebrauch machen wollen, vielleicht wegen ihrer besonderen Frömmigkeit und aus Mitgefühl für ihre Mönche heraus, vielleicht auch aus abergläubischer Furcht. Das hinderte sie allerdings nicht daran, in den Karnevalsnächten dort zu tanzen, wie ich es später beschreiben werde, liess sie aber unsere unehrerbietige Gegenwart in diesen ehrwürdigen Mauern mit sehr bösen Blicken betrachten.

In der Sommerhitze wohnen in der Kartause indessen grösstenteils Bürger aus dem Mittelstand, die auf dieser Höhe und in den dickwandigen Gewölben nach frischerer Luft suchen als in der Ebene oder in Palma. Die bei Winterbeginn einsetzende Kälte aber verjagt sie dort wieder und als wir uns dort aufhielten, lebten dort ausser mir und meiner Familie nur der Apotheker, der Küster und Maria Antonia.

Maria Antonia war eine Art Haushälterin, die aus Spanien geflohen war, um, soviel ich weiss, dem Elend zu entrinnen. Sie hatte eine Zelle gemietet, um an den zeitweiligen Gästen der Kartause kräftig zu verdienen.

Ihre Zelle lag neben der unseren und diente uns als Küche, während die Dame als unsere Haushälterin angesehen wurde. Sie war eine vormals schöne Frau, noch schlank und adrett und scheinheilig-liebenswürdig. Sie gab vor, aus gutem Hause zu stammen, hatte charmante Manieren und eine wohlklingende Stimme, war katzenfreundlich und befleissigte sich ganz besonderer Gastfreundschaft. Sie pflegte den Neuankömmlingen ihre Dienste anzubieten und mit gekränkter Miene und beinahe das Gesicht verhüllend, jede Art von Entlohnung für ihre Dienste zurückzuweisen. Sie handele, sagte sie, für Gotteslohn, aus Hilfsbereitschaft, mit dem einzigen Ziel der Freundschaft mit ihren Nachbarn. Ihr Mobiliar bestand aus einem Gurtbett, einem Fusswärmer, einem Kohlebecken, zwei Stühlen, einem Kruzifix und einigen irdenen Tellern. Ganz die Grosszügigkeit selbst, stellte sie dies alles zur Verfügung, die Dienerin konnte bei ihr wohnen und die Kochgerätschaften untergebracht werden.

Doch sobald sie einmal im Hausstand etabliert war, schnappte sie sich die besten Sachen und die besten Esswaren. Ich habe nie einen gefrässigeren frommen Mund gesehen, noch flinkere Finger, die, ohne sich zu verbrennen, vom Boden kochendheisser Kasserollen angelten, noch eine so dehnbare Gurgel, die den Zucker und den Kaffee ihrer lieben Herrschaft verstohlen verschlang, und dabei immer ein Liedchen oder einen *bolero* summte.

Als unbeteiligter Beobachter wäre es sicher lustig und erheiternd gewesen, die gute Antonia und Catalina, diese grosse Hexe aus Valldemossa, die uns als Zimmermädchen diente, und das kleine zerrupfte Monster, die *niña*, die Hilfsarbeiten verrichtete, zu beobachten, wie sie sich gemeinsam über unser Abendessen hermachten. Das war zur Stunde des Angelus, und unsere drei Katzen versäumten nicht, es herzusagen: die beiden Alten, die dabei von allen Tellern etwas an sich nahmen, im Duett. Die Kleine antwortete *Amen*, wobei sie mit einer Geschicklichkeit ohnegleichen ein Kotelett oder kandierte Früchte verschwinden liess.

Das war ein Bild zum Malen und man tat besser so, als habe man nichts gesehen. Als aber die Verbindung zu Palma durch die Regenfälle häufig unterbrochen und die Lebensmittel knapp wurden, fanden wir die "Hilfe" von Maria Antonia und ihrer Clique weniger amüsant, und meine Kinder und ich wurden dazu gezwungen, jeweils unsere Esswaren zu bewachen. Ich erinnere mich, dass ich, praktisch unter meinem Kopfkissen, den Korb mit Zwieback für das Frühstück hütete und wie ein Geier über dem Fisch auf unseren Kochstellen im Freien gekreist bin, um diese kleinen Raubvögel davon abzuhalten, die uns nur die Gräten übriggelassen hätten.

Der Küster war ein stämmiger Bursche, der vielleicht in seiner Kindheit bei den Kartäusern ministriert hatte und seither die Schlüssel zum Kloster verwaltete. Er hatte eine skandalöse Geschichte auf dem Kerbholz: Er wurde erwischt und überführt, ein junges Mädchen, das einige Monate mit seinen Eltern in der Kartause verbracht hatte, verführt und geschwängert zu haben. Zu seiner Entschuldigung führte er an, er sei vom Staat nur dazu angestellt, die gemalten Jungfrauen zu hüten. Er sah wahrlich nicht gut aus, hatte jedoch den Ehrgeiz, ein Dandy zu sein. Anstelle der netten halb-arabischen Tracht seiner Klasse trug er eine europäische Hose und Hosenträger, was ihm in den Augen der Mädchen sicher etwas Besonderes gab. Seine Schwester war die schönste Mallorquinerin, die ich sah. Als reiche und stolze Familie wohnten sie nicht im Kloster, denn sie besassen ein Haus im Dorf. Sie machten jedoch jeden Tag ihre Runde und besuchten dabei stets Maria Antonia, die sie zum Verspeisen unseres Abendessens einlud, wenn sie selbst keinen Appetit hatte.

Der Apotheker war ein Kartäuser, der sich in seiner Zelle einschloss, um dort in seiner ehemals weissen Kutte ganz für sich eine Messe im kompletten Habit zu rezitieren. Läutete man an seiner Tür und bat ihn um Eibisch oder Kreuzwurz (die beiden einzigen Heilmittel, die er besass), sah man ihn hastig seine Kutte unter das Bett werfen, um in schwarzen Hosen, Strümpfen und kurzer Weste zu erscheinen, ganz im Stile der Kostüme, in denen Molière in seinen Zwischenspielen die Balletttänzer auftreten liess. Der Alte war sehr misstrauisch, beklagte sich nie und betete vielleicht für den Sieg von Don Carlos und die Rückkehr der Heiligen Inquisition, ohne irgendjemand Schlechtes zu wollen. Er verkaufte uns sein Kreuzwurz um ihr Gewicht in Gold und tröstete sich mit diesen kleinen Gewinnen darüber hinweg, dass man ihn von seinem Armutsgelübde entbunden hatte. Seine Zelle lag recht weit von der unseren entfernt am Eingang des Klosters, in einer Art Nische, deren Tür sich hinter einem Rizinusbusch und anderen kräftig wuchernden medizinischen Pflanzen verbarg. Dort versteckt wie ein alter Hase, der die Hunde auf seine Spur zu setzen fürchtet, liess er sich kaum blicken. Hätten wir ihn nicht mehrere Male um seine Säfte bitten müssen, wären wir nie darauf gekommen, dass noch ein Kartäuser im Kloster lebte.

Die Kartause zeichnet sich nicht durch architektonische Schönheiten aus, ist jedoch ein sehr weiträumig angelegter Gebäudekomplex. Mit ihrer mächtigen Umfassungsmauer aus Quadersteinen hätte sie leicht zur Unterbringung eines ganzen Armeekorps Platz geboten, war aber für nur 12 Personen erbaut worden. Doch nur im neuen Teil des Klosters (es setzt sich aus drei in verschiedenen Epochen erbauten Kartausen zusammen) gibt es 12 Zellen, die jeweils aus drei grossen, nach einer Seite ausgerichteten Räumen bestehen. An den beiden Seitenfronten sind 12 Kapellen angeordnet, so dass jeder Mönch seine eigene hatte, in die er sich zum einsamen Gebet einschloss. Diese Kapellen sind alle unterschiedlich ausgeschmückt, voller Vergoldungen und mit Bildern von sehr primitivem Geschmack. Dazu gesellen sich fürchterliche Heiligenfiguren aus bunt bemaltem Holz, denen, so muss ich gestehen, ich nicht gern des Nachts ausserhalb ihrer Nischen begegnet wäre. Der Boden dieser Hauskapellen besteht aus glasierten Fliesen, deren verschiedene Mosaikmuster wunderbar wirken. Man spürt darin noch den maurischen Einfluss auf die Kunst, und das ist der einzige gute Stil, der auf Mallorca die Jahrhunderte überdauert hat. Schliesslich verfügt jede dieser Kapellen noch über einen Brunnen oder ein Schneckenmuschelbecken aus dem schönen hiesigen Marmor, damit der Kartäuser seine Kapelle täglich reinigen konnte. Im schattigen Gewölbe dieser mit Fliesen ausgelegten Räume herrschte eine Frische, die in der Gluthitze der Hundstage die langen Stunden des Gebets in so etwas wie sinnliche Lust verwandeln konnte.

Die vierte Seite des neuen Klosters verläuft parallel zu einer hübschen Kirche, die gepflegt und sauber einen Gegensatz zu der Vernachlässigung und Leere des Klosters bildet. In dessen Mitte befindet sich ein hübscher Innenhof, der gleichmässig mit Buchsbäumen bepflanzt ist, die immer noch den Pyramidenschnitt erkennen lassen, den ihnen die Schere der Mönche aufgezwungen hat. Wir hofften, hier auch Orgeln zu finden, hatten jedoch vergessen, dass die Ordensregeln der Kartäuser jegliches Musikinstrument als unnützen Luxus und sinnliches Vergnügen verbieten. Die Kirche ist einschiffig und ihr Boden mit schönen Fliesen ausgelegt, deren künstlerische, sehr fein ausgemalte Blumensträusse wie auf einem Teppich wirken. Die Holztäfelung, die Beichtstühle und die Türen sind von grosser Schlichtheit. Doch die vollkommen ausgebildeten Rippen und die saubere und gediegene Ausführung der zarten Verzierungen bezeugen ein handwerkliches Geschick, das man bei Schreinerarbeiten in Frankreich nicht mehr findet. Leider ist diese Sorgfalt auch hier auf Mallorca verlorengegangen. Wie ich von Monsieur Tastu erfuhr, gibt es auf der ganzen Insel nur zwei Handwerker, die diesen Beruf noch künstlerisch ausüben können.

Der Schreiner, den wir in der Kartause beschäftigten, war sicherlich ein Künstler, aber nur in der Musik und der Malerei. Als er eines Tages in unsere Zelle gekommen war, um einige Regale aus hellem Holz anzubringen, betrachtete er unser ganzes kleines Künstlergepäck mit dieser naiven und zudringlichen Neugier, die ich einstmals bei den slawischen Griechen bemerkt hatte. Die Skizzen angeheiterter Mönche, die mein Sohn nach den Zeichnungen von Goya angefertigt und damit unser Zimmer geschmückt hatte, schockierten den Schreiner etwas. Doch als er die nach Rubens gravierte Kreuzabnahme bemerkt hatte, betrachtete er sie lange Zeit in tiefer Versunkenheit. Wir fragten ihn, was er davon hielte: "Es gibt auf der ganzen Insel Mallorca," antwortete er uns in seinem Dialekt, "nichts so Schönes und so Natürliches".

Dieses Wort "natürlich" aus dem Munde eines Bauern mit den Haaren und den Manieren eines Wilden verblüffte uns sehr. Der Klang des Klaviers und das Spiel des Künstlers liessen ihn in eine Art Ekstase verfallen. Er liess seine Arbeit liegen und setzte sich hinter den Stuhl des Spielenden, den Mund halb geöffnet und die Augen aus den Höhlen tretend. Dieses Hochgefühl hinderte ihn aber nicht am Diebstahl, wie es alle mallorquinischen Bauern ohne jeglichen Skrupel bei Fremden tun, obwohl sie von geradezu religiöser Ehrlichkeit in ihren Beziehungen untereinander sein sollen. Für seine Arbeit verlangte er einen sagenhaften Preis und streckte begehrlich die Hände nach den kleinen Gebrauchsgegenständen aus, die wir aus Frankreich mitgebracht hatten. Ich hatte meine liebe Not, das Verschwinden von Teilen aus meinem Toilettenkoffer in seinen grossen Taschen zu verhindern. Was ihn am meisten in Versuchung führte, war ein geschliffenes Kristallglas oder vielleicht die Zahnbürste darin, deren Bestimmung er sicher nicht verstand. Dieser Mann hatte das Kunstbedürfnis eines Italiener und die räuberischen Instinkte eines Malaien oder Kaffern.

Diese Abschweifung erinnert mich an das einzige Kunstwerk, das wir in der Kartause fanden. In der Kirche war eine Statue des heiligen Bruno aus bemaltem Holz aufgestellt, deren Entwurf und Farbgebung bemerkenswert waren. Die wunderbar ausgearbeiteten Hände waren zur gläubigen und herzzerreissenden Anrufung erhoben. Der Kopf drückte wahrhaft erhabenen Glauben und Schmerz aus. Und doch war es das Werk eines Stümpers, denn die gegenüberstehende Statue war offensichtlich von derselben Hand ausgeführt und in jeder Beziehung erbärmlich. Doch bei der Schaffung des heiligen Bruno musste der Künstler eine blitzartige Erleuchtung erlebt haben, den Schwung religiöser Übererregung, die ihn über sich selbst erhoben hatte. Ich bezweifle, dass der heilige Fanatiker von Grenoble jemals mit einem so tiefen und leidenschaftlichen Einfühlungsvermögen dargestellt wurde. Das war die Personifizierung der christlichen Askese. Doch selbst auf Mallorca steht das Sinnbild dieser Philosophie der Vergangenheit verlassen.

Zum neuen Kloster gelangt man, indem man das alte durchquert; eigentlich ganz einfach, wobei es mir wegen meines mangelnden Orientierungsvermögens nie gelang, mich dort zurechtzufinden, ohne mich vorher im dritten Kloster zu verlaufen.

Diesen dritten und kleinsten Gebäudeteil sollte ich eigentlich den ersten nennen, denn er ist der älteste. Er bietet einen reizenden Anblick. Der Innenhof, den er mit seinen zerborstenen Mauern umgibt, ist der alte Friedhof der Mönche. Keine Inschrift unterscheidet diese Gräber, die der Kartäuser schon zu Lebzeiten aushebt, und wo nichts dem Tod das Auslöschen seines Namens streitig machen sollte. Unter den schwellenden Graspolstern sind die Grabstätten kaum sichtbar. Monsieur Laurens hat eine hübsche Ansicht dieses Klosters gezeichnet, in der ich mit unglaublichem Entzücken den kleinen Brunnen mit dem Spitzbogen wiederentdeckte, die Fenster mit den Steinkreuzen, um die sich Girlanden von aus Ruinen wuchernden Wildgräsern winden, und die grossen, hohen Zypressen, die sich des Nachts wie schwarze Gespenster um das Kreuz aus weissem Holz erheben. Es ärgert mich, dass er den Mond nicht gesehen hat, wie er hinter dem schönen Berg aus bernsteinfarbigem Sandstein aufgeht, der das Kloster überragt, und dass er in den Vordergrund nicht den alten Lorbeerbaum mit seinem riesigen Stamm und dem vertrockneten Wipfel gesetzt hat. Vielleicht hat er schon nicht mehr existiert, als er die Kartause besucht hat. Jedoch in seiner Zeichnung und in seinem Text wird die schöne Zwergpalme ehrenvoll erwähnt, die in Europa wohl eine der kräftigsten ihrer Art ist. Allerdings musste ich sie gegen das natürliche Ungestüm meiner Kinder verteidigen.

Um dieses kleine Kloster herum liegen die alten Kapellen der Kartäuser aus dem 15. Jahrhundert.

Sie sind fest verriegelt, und der Küster öffnet sie für niemanden, ein Umstand, der unsere Neugier beträchtlich reizte. Auf unseren Spaziergängen spähten wir häufig durch die Ritzen und meinten, die Reste schöner Möbel und sehr alter Holzskulpturen auszumachen. Gut möglich, dass sich in diesen geheimnisvollen Rumpelkammern viele Schätze verbergen, doch kein Mensch in Mallorca denkt daran, sie zu entstauben.

Das zweite Kloster hat wie die anderen auch 12 Zellen und 12 Kapellen. Die Baufälligkeit seiner Arkaden zeigt geradezu Charakter. Sie stützen nichts mehr und wenn wir sie des Abends bei stürmischem Wetter durchquerten, befahlen wir Gott unsere Seelen. Jeder Sturm über der Kartause liess ein weiteres Stück Mauer um- oder ein Gewölbefragment herabstürzen. Nie wieder habe ich den Wind so kläglich jammern und so verzweifelt heulen hören wie in diesen hohlen, wiederhallenden Gängen. Dazu der Lärm der Wildbäche, die schnell dahinjagenden Wolken, das kräftige, monotone Rauschen des Meeres, unterbrochen vom Heulen des Gewitters und den Klagen der Meeresvögel, die ganz zerzaust und verstört von den Böen vorbeigetrieben wurden. Starke Nebel fielen plötzlich wie ein Leichentuch nieder. Sie drangen durch die zerbröckelten Arkaden in die Kreuzgänge ein und machten uns unsichtbar. Die kleine Lampe, die wir trugen, um den Weg zu finden, tanzte wie ein Irrlicht in den Gängen. Dies und tausend weitere Einzelheiten des mönchischen Lebens, die sich in meinem Gedächtnis drängen, liessen schliesslich diese Kartause zum romantischsten Aufenthaltsort der Welt werden.

Es störte mich nicht, einmal in Wirklichkeit genau das zu sehen, was ich nur im Traum oder in modernen Balladen gesehen hatte und in dem Auftritt der Nonnen in *Robert le Diable* in der Oper. Auch phantastische Erscheinungen fehlten nicht, wie ich gleich berichten werde. All diese Wirklichkeit gewordene Romantik vor meinen Augen liess mich einige Betrachtungen darüber im allgemeinen anstellen.

Zu den vielen Gebäuden, die ich beschrieb, muss noch der dem Prior vorbehaltene Teil hinzugefügt werden, den wir ebensowenig besuchen konnten wie einige andere geheimnisvolle Winkel. Dazu zählten die Zellen der Laienbrüder, eine kleine zur alten Kartause gehörende Kapelle und einige andere für Persönlichkeiten von Stand bestimmte Gebäude, die sich dort zu Exerzitien zurückzogen oder um Bussübungen zu vollziehen. Es gab mehrere kleine Höfe, die von den Ställen für das Vieh der Gemeinschaft und den Unterkünften für das zahlreiche Gefolge der Besucher umgeben waren. Das alles war also ein *Phalansterium,* wie man heutzutage sagen würde, eine grosse Produktionsgemeinschaft, in der die Arbeitergemeinde gemäss dem von Fourier entwickelten System lebte, unter der Ägide der Heiligen Jungfrau und des heiligen Bruno.

Wenn das Wetter für Streifzüge durch die Berge zu schlecht war, machten wir unseren Spaziergang innerhalb des Klosters, und wir brauchten Stunden, um diesen weitläufigen Komplex zu erforschen. Ich weiss nicht, was meine Wissbegier verlockte, in diesen verlassenen Mauern das intime Geheimnis des Mönchlebens zu erspüren. Seine Spur war noch so frisch, dass ich immer noch das Geräusch der Sandalen auf den Fliesen und das Murmeln der Gebete in den Gewölben der Kapellen zu hören vermeinte. Die gedruckten und auf die Wände geklebten lateinischen Gebete waren in unseren Zellen noch lesbar. Wir fanden sie auch an den geheimsten Orten, bei denen ich mir nie vorgestellt hätte, dass man dort das Oremus betete.

Eines Tages stiessen wir bei einer Entdeckungsreise in den oberen Gängen unvermutet auf eine hübsche Empore. Von dort aus fielen unsere Blicke in eine grosse und schöne Kapelle, die so vollständig und wohlgeordnet ausgestattet war, als habe man sie erst am Vorabend verlassen. Der Armsessel des Priors war noch an seinem Platz. Vom Gewölbe über dem Chorgestühl des Kapitels hing noch der Wochenplan der religiösen Exerzitien in einem schwarzen Holzrahmen herab. Auf die Rücklehne jedes Chorstuhls war ein kleines Heiligenbild geklebt, wahrscheinlich der Schutzpatron des jeweiligen

Mönches. Der Duft des Weihrauchs, der die Wände über so lange Zeit durchtränkt hatte, hatte sich noch nicht ganz verflüchtigt.

Die Altäre waren mit vertrockneten Blumen geschmückt, und in den Leuchtern staken sogar noch die halb herabgebrannten Wachskerzen. Die Ordnung und der gut erhaltene Zustand all dessen standen im Kontrast zu den Ruinen draussen, zu den hochgewachsenen Brombeerranken, die die Fenster überwucherten, zum Geschrei der Schlingel, die draussen in den Kreuzgängen die Mosaikfragmente zum Zielwerfen benutzten.

Was meine Kinder betraf, so trieb die Liebe zum Wundersamen sie noch viel mehr zu diesen fröhlichen und heissgeliebten Erforschungen. Meine Tochter erwartete sicherlich, einen Feenpalast voller Wunder in den Speichern der Kartause zu finden und mein Sohn hoffte, unter den Trümmern die Spuren eines schrecklichen und bizarren Dramas zu entdecken. Oftmals erschrak ich darüber, wie sie wie die Katzen über die verzogenen Bretter und über die unsicheren Terrassen kletterten. Wenn sie, mir einige Schritte voraus, in der Biegung einer Wendeltreppe verschwanden, bildete ich mir ein, ich habe sie verloren, und verdoppelte erschrocken meinen Schritt, wobei sich vielleicht auch Aberglaube dazumischte.

Auch wenn man sich noch so sehr dagegen wehrt, diese düsteren Orte, die einem noch düstereren Kult geweiht sind, wirken ein wenig auf die Vorstellungskraft ein, und ich traute es dem ruhigsten und kühlsten Kopf nicht zu, dass er sich dort lange Zeit bei vollem Verstand aufhalten könnte. Diese kleinen eingebildeten Ängste, wenn ich sie so nennen darf, sind nicht ohne Reiz. Sie sind aber auch so real, dass man in sich selbst gegen sie ankämpfen muss. Ich gestehe, dass ich des Abends kaum einmal ohne ein Gemisch aus Angst und Vergnügen durch das Kloster gegangen bin, was ich meinen Kinder gegenüber nie zugegeben habe, aus Furcht, sie damit anzustecken. Sie schienen dafür jedoch nicht anfällig. Sie rannten gern im Mondlicht unter den zerbrochenen Bögen herum, die wirkten, als riefen sie zum Hexensabbat herbei. Mehrmals habe ich sie gegen Mitternacht auf den Friedhof begleitet.

Nachdem wir einen grossen Alten getroffen hatten, der manchmal in der Dunkelheit herumstrich, habe ich sie jedoch des Abends nicht mehr allein ausgehen lassen. Es handelte sich um einen ehemaligen Diener oder Hintersassen, den der Wein und frommer Wahn oft den Verstand verlieren liessen. Wenn er betrunken war, wankte er durch die Kreuzgänge und schlug mit einem grossen Pilgerstab, an dem ein langer Rosenkranz hing, an die Türen der verlassenen Zellen, rief trunken nach den Mönchen und stammelte trostlose Gebete vor den Kapellen. Wenn er etwas Licht aus unserer Zelle schimmern sah, strich er dort mit Drohungen und fürchterlichen Flüchen umher. Er kam zu Maria Antonia herein, die sich sehr davor fürchtete und während er ihr lange Predigten, unterbrochen von zynischen Flüchen, hielt, machte er es sich an ihrem Kohlebecken bequem, bis der Küster kam, um ihn dort mit Höflichkeit und List loszureissen, denn der Küster war nicht sehr tapfer und wollte sich keinen Feind machen. Der Alte klopfte also zu den unpassendsten Zeiten an unsere Tür.

Wenn er es müde wurde, nach Pater Nicolas zu rufen, der seine fixe Idee war, liess er sich zu Füssen der Madonna fallen, deren Nische einige Schritte von unserer Tür entfernt lag, und schlief dort ein, sein Messer offen in einer Hand und seinen Rosenkranz in der anderen.

Sein Lärmen beunruhigte uns kaum, denn das war kein Mann, der sich unverhofft auf einen anderen stürzte. Da er sich von weitem durch seine stammelnde Ruferei und das Schlagen seines Stockes auf den Fliesen ankündigte, hatte man Zeit genug, sich vor diesem wilden Tier in Sicherheit zubringen. Die gedoppelte Eichentür unserer Zelle hätte noch ganz anderen Belagerungen standgehalten. Doch diese hartnäckigen Angriffe waren nicht immer komisch, da wir einen leidenden Kranken bei uns hatten, den er um einige Stunden der Ruhe brachte. Er musste mit *mucha calma* ertragen werden, denn wir hätten sicherlich keinerlei Unterstützung von der Polizei des Ortes erhalten. Wir gingen nicht zur Messe, und unser Feind war ein heiliger Mann, der keine einzige versäumte.

Eines Abends schreckte uns eine andere Art Erscheinung auf, die ich nie vergessen werde. Es begann zunächst mit einem unerklärlichen Lärm, den ich nur mit dem Tausender von Säcken voller Nüsse, die ständig über ein Parkett rollten, vergleichen konnte. Wir eilten hinaus in den Kreuzgang, um festzustellen, was das wohl sein könne. Der lag dunkel und verlassen da wie immer, doch der ständige Lärm kam immer näher, und bald erhellte ein schwacher Schein die tiefen Gewölbe. Nach und nach wurden sie vom flackernden Schein mehrerer Fackeln erhellt, und in ihrem roten Dunst erschien eine Horde von Wesen, scheusslich vor Gott und den Menschen.

Das war niemand anderes als Luzifer in Person, begleitet von seinem ganzen Hofstaat: ein gehörnter Oberteufel, ganz in schwarz mit einem blutroten Gesicht, um ihn herum tanzte ein Schwarm von Teufelchen mit Vogelköpfen, Rossschweifen, gehüllt in kunterbunte Lumpen. Dazu kamen Teufelinnen oder auch Schäferinnen, die ganz in weiss und rosé gekleidet waren. Es sah so aus, als seien sie von diesen gemeinen Geistern entführt worden. Nach den Geständnissen, das ich vorstehend abgelegt habe, kann ich ruhig zugeben, dass es ein oder zwei Minuten lang und selbst einige Zeit, nachdem ich begriffen hatte, was das war, einiger Willensanstrengung bedurfte, um meine Lampe hoch und auf diese hässliche Maskerade zu halten, der die Stunde, der Ort und das Licht der Fackeln ein wirklich übernatürliches Aussehen gaben.

Es waren die Leute aus dem Dorf, reiche Bauern und kleine Bürger, die Karneval feierten und ihren Bauernball in der Zelle von Maria Antonia eröffnen wollten. Der seltsame Lärm, der ihr Herannahen begleitete, rührte von den Kastagnetten her, die mehrere unter schmutzigen und greulichen Masken versteckte Bengel gleichzeitig schlugen, und zwar nicht in dem regelmässigen klaren Rhythmus wie in Spanien, sondern mit kontinuierlichen Wirbeln wie von Kriegstrommeln. Sie begleiten ihre Tänze mit diesem trockenen und harten Geräusch, bei dem es gute Nerven braucht, ihn nur eine Viertelstunde zu ertragen. Auf dem Weg zum Fest unterbrechen sie ihn ganz plötzlich, um unisono eine *coplita* auf eine musikalische Sentenz anzustimmen, die immer wiederholt wird und nie endet. Dann nehmen die Kastagnetten für drei oder vier Minuten ihren Wirbel wieder auf. Eine sehr barbarische Art, sich zu vergnügen, indem man sich das Trommelfell mit dem Krach des Holzgeklappers zerreisst. Dieses musikalische Motiv, das in sich nichts ist, entfaltet eine immer stärkere Wirkung erst, wenn es in so langen Intervallen von Stimmen gesungen wird, die selbst einen ganz eigenen Charakter haben, die auch in voller Lautstärke noch heiser und schleppend klingen, so angeregt sie auch sind.

Ich nehme an, dass schon die Araber so gesungen haben. Diesbezügliche Untersuchungen von Monsieur Tastu haben ergeben, dass die wichtigsten mallorquinischen Rhythmen, ihre bevorzugten Schnörkel, dass mit einem Wort ihre Art der Musik arabischer Herkunft ist.

In einer lauen und dunklen Nacht, die nur von einem aussergewöhnlichen Meeresleuchten im Kielwasser unseres Schiffes erhellt war, fuhren wir von Barcelona nach Palma. Alles an Bord schlief ausser dem Steuermann, der, um seiner eigenen Schläfrigkeit zu begegnen, die ganze Nacht sang, doch mit einer derartig sanften und gedämpften Stimme, als ob er fürchte, die Männer der Schiffswache aufzuwecken, oder als ob er selbst im Halbschlaf sei. Wir wurden nicht müde, ihm zuzuhören, denn sein Gesang war sehr eigenartig und folgte einem Rhythmus und Modulationen, die uns ungewohnt waren. Seine Stimme schien dahinzuschweben so wie der Rauch des Schiffes von einer Brise gewiegt wird und verweht. Es war mehr eine Träumerei als ein Gesang, eine Art lässiges Phantasieren der Stimme, kaum von Gedanken belastet. Sie stimmte jedoch mit den Bewegungen des Schiffes, dem schwachen Rauschen des Kielwassers überein und ähnelte einer vagen Improvisation, die jedoch in sanfte, monotone Form gefügt war. Diese beschauliche Stimme hatte grossen Charme.

Als nun alle diese Teufel bei uns waren, umringten sie uns sehr freundlich und höflich, denn die Mallorquiner sind im allgemeinen in ihrer Art weder schüchtern noch feindlich. König Beelzebub geruhte, mich in Spanisch anzusprechen und sagte mir, er sei Rechtsanwalt. Dann versuchte er sich in Französisch, um mir Eindruck mit seiner Person zu machen, und fragte, wie es mir in der Kartause gefiele. Dabei übersetzte er das Wort *cartuxa* mit dem französischen Wort *cartouche* (Kartätsche), was nun doch ein kleiner Unterschied ist. Aber schliesslich kann niemand erwarten, dass der mallorquinische Teufel alle Sprachen spricht.

Ihre Tänze sind nicht fröhlicher als ihr Gesang. Wir folgten ihnen in die Zelle von Maria Antonia, die mit im Raum aufgehängten Efeugirlanden dekoriert war, an denen kleine Papierlaternen hingen. Das Orchester bestand aus einer grossen und einer kleinen Gitarre, einer Art spitz zulaufender Violine und drei oder vier Paar Kastagnetten. Sie begannen, die einheimischen *Jota-* und *Fandangotänze* zu spielen, die denen in Spanien ähneln, deren Rhythmus jedoch origineller und deren Schwung noch kühner ist.

Dieses Fest wurde zu Ehren von Señor Raphael Torres veranstaltet, eines reichen Pächters, der wenige Tage zuvor ein recht hübsches Mädchen geheiratet hatte. Der Frischvermählte war als einziger Mann dazu verurteilt, fast den ganzen Abend mit den Frauen zu tanzen, die er eine nach der anderen aufforderte. Während das jeweilige Duo tanzte, sass die ganze Versammlung ernst und still auf dem Boden, nach orientalisch-afrikanischer Art zusammengekauert, einschliesslich des Bürgermeisters in seinem Mönchshabit und mit seinem grossen schwarzen Stock mit Silberknauf.

Die mallorquinischen *Boleros* haben eine althergebrachte Gemessenheit, aber nichts von der sinnlichen Grazie, die man in Andalusien bewundert. Männer und Frauen halten die Arme unbeweglich ausgestreckt, während ihre Finger die Kastagnetten schnell und beständig wirbeln lassen. Der schöne Raphael erledigte pflichtbewusst seine Tänze und hockte sich nach getaner Arbeit neben den anderen nieder. Nun kamen die *malins*, die Dorfgecken, an die Reihe und wollten auf ihre Art glänzen. Ein junger Mann mit Wespentaille wurde von allen wegen seiner präzisen Bewegungen und der Sprünge aus dem Stand bewundert, die galvanoelektrischen Entladungen glichen. Dabei zeigte sich auch nicht der kleinste Schimmer von Freude in seinem Gesicht. Ein stämmiger Landarbeiter wollte in koketter Selbstgefälligkeit auf spanische Art tanzen, die Arme in die Hüften gestemmt. Er wurde verdientermassen verspottet, denn er gab die lächerlichste Karikatur eines Tänzers ab, die man sich vorstellen kann. Dieser Bauernball hätte uns lange Zeit gefesselt, hätten die Damen und Herren nicht diesen Geruch nach ranzigem Öl und Knoblauch ausgeströmt, der einem wirklich die Kehle abschnürte.

Die Karnevalskostüme interessierten uns weniger als die einheimischen Trachten, die wirklich sehr elegant und sehr anmutig sind. Die Frauen trugen eine Art weisser Haube aus Spitze oder Musselin, *rebozillo* genannt, die aus zwei übereinandergelegten Teilen besteht. Das *rebozillo en amount* genannte Teil wird hinten auf dem Kopf befestigt und reicht unter das Kinn wie die Nonnenhauben.

Das andere, der *rebozillo en volant,* fliesst wie ein Umhang auf die Schultern. Die glatten Haare sind über der Stirn gescheitelt und werden hinten zu einem dicken Zopf zusammengeflochten, der unter dem *rebozillo* hervorkommt, über den Rücken hängt und seitlich durch den Gürtel aufgesteckt wird. Unter der Woche fliesst das ungeflochtene Haar offen und lose über den Rücken. Das ausgeschnittene, kurzärmelige Mieder aus Merinowolle oder schwarzer Seide ist oberhalb der Ellbogen und an den Rückennähten mit Metallknöpfen verziert, an die sehr geschmackvolle und wertvolle Silberketten gehängt werden.

Die Mallorquinerinnen haben eine schlanke und gute Figur, sehr kleine und an Festtagen sehr elegant beschuhte Füsse. Ein einfaches Dorfmädchen trägt durchbrochene Strümpfe, Satinschuhe, eine Goldkette um den Hals und viele Silberketten am Mieder, die auf den Gürtel herabhängen. Ich habe viele sehr gut hergerichtet gesehen, aber nur wenige, die hübsch waren. Ihre Gesichtszüge sind regelmässig wie die der Andalusierinnen, doch im Ausdruck offener und weicher. In Soller, wo ich nicht gewesen bin, stehen sie im Ruf grosser Schönheit.

Die Männer, denen ich begegnet bin, waren nicht schön, wirkten aber alle auf den ersten Blick gut aussehend mit ihrer vorteilhaften Tracht, die sie tragen. Des Sonntags besteht sie aus einer *guarde-pits* genannten, farbenprächtig gemusterten Seidenweste, die herzförmig ausgeschnitten und weit offen über der Brust getragen wird. Dazu tragen sie eine kurze, schwarze und in der Taille eng wie die Korsage der

Frauen anliegende Jacke, den *sayo*. Ein blendend weisses Hemd, mit an Hals und Manschetten, bestickten Borten lässt den Hals frei, während die Brust von feinem Leinen bedeckt ist, was dem ganzen Aufzug ein glanzvolles Gepräge gibt. Um die Taille ist eine farbige Schärpe gewickelt, und sie stecken wie Türken in langen Pluderhosen aus gestreiften, einheimischen Baumwoll- oder Seidenstoffen. Dazu tragen sie weisse, schwarze oder fahlgelbe Zwirnstrümpfe und Schuhe aus ungefärbtem Naturkalbsleder. Nur der breitkrempige Hut aus Wildkatzenfell, der *moxine*, mit schwarzen Kordeln und Quasten aus Seiden- und Goldfäden, stört den sonst orientalischen Charakter der Tracht. Zuhause wickeln sie sich einen Seidenschal oder ein Baumwolltuch wie einen Turban um den Kopf, was ihnen viel besser steht. Im Winter tragen sie häufig ein schwarzes Wollkäppchen auf ihrer Tonsur, denn sie rasieren sich den Scheitel wie die Priester, sei es aus Gründen der Sauberkeit - und der Himmel weiss, dass das kaum etwas nützt! - oder aus Frömmigkeit. Ihre starke buschige, rauhe und krause Mähne umfliesst (soweit Rosshaar fliessen kann) ihren Hals. Mit der Schere wird das Haar über der Stirn wie ein Pony abgeschnitten. Die Haartracht ist genau der Mode des Mittelalters nachempfunden und verleiht den Gesichtern einen kraftvollen Ausdruck.

Bei der Arbeit auf den Feldern ist ihre Tracht lockerer und noch malerischer. Ihre Beine sind nackt oder stecken bis zum Knie in Gamaschen aus gelbem Leder, je nach Jahreszeit. Wenn es heiss ist, besteht ihre ganze Kleidung nur aus dem Hemd und der bauschigen Hose. Im Winter hüllen sie sich entweder in ein graues Cape, das einer Mönchskutte ähnelt, oder in ein grosses Ziegenfell, das mit dem Haarkleid nach aussen getragen wird. Wenn sie gruppenweise in diesen fahlen Wildfellen, die auf dem Rücken einen schwarzen Streifen haben und von Kopf bis Fuss herabfallen, daherkommen, hält man sie leicht für eine auf den Hinterfüssen laufende Herde. Auf dem Weg aufs Feld oder auf dem Heimweg, marschiert nahezu immer einer an der Spitze, der auf einer Gitarre oder einer Flöte spielt und die anderen trotten schweigend hintereinander her, mit gesenktem Kopf und der Miene voller Unschuld und Einfalt. Man wäre jedoch schön dumm, diesem Anschein zu trauen, denn es fehlt ihnen nicht an Gerissenheit.

Meist sind sie grossgewachsen, und ihre Tracht lässt sie noch schlanker und grösser erscheinen. Ihr immer der Luft ausgesetzter Hals ist schön und kräftig, ihre Brust ist ohne den Zwang von Weste und Hosenträgern breit und gut entwickelt. Doch haben fast alle krumme Beine.

Nach unserer Beobachtung haben die Alten und die erwachsenen Männer, wenn sie auch nicht gut aussehen, so doch würdevolle und betont noble Züge. Sie erinnerten dort alle an Mönche, wie man sie sich als Poet vorstellt. Die junge Generation erschien uns demgegenüber gewöhnlich und frei, wodurch diese Abstammung schlagartig beendet schien. Sollten die Mönche erst seit einigen zwanzig Jahren aufgehört haben, sich in die häusliche Intimität zu mischen?

Das ist nur der Scherz eines Reisenden.

ZWEITES KAPITEL

Wie schon erwähnt, wollte ich hinter das Geheimnis des klösterlichen Lebens an dem Ort kommen, an dem seine Spur noch so frisch war. Damit meinte ich nicht, dass ich erwartete, gerade bei der Kartause geheimnisvolle Dinge zu entdecken. Ich forderte vielmehr von diesen verlassenen Mauern, die die Mönche jahrhundertelang vom menschlichen Leben abgeschieden hatten, mir die geheimsten Gedanken dieser einsamen Schweiger zu enthüllen. Ich hatte dem dünner werdenden oder gar zerrissenen Faden des christlichen Glaubens in diesen Seelen folgen wollen, die von jeder Generation dorthin verschlagen wurden wie Brandopfer an diesen eifersüchtigen Gott, der menschliche Opfer ebenso liebte wie die heidnischen Götter. Am liebsten hätte ich einen der Kartäusermönche des 15. und einen des 19. Jahrhunderts wieder zum Leben erweckt. Dann hätte ich diese beiden tiefgläubigen Katholiken, deren Glaube, ihnen unbewusst abgrundtief verschieden war, miteinander verglichen und jeden der beiden gefragt, was er vom anderen halte.

Das Leben des ersteren schien mir recht leicht auf einleuchtende Weise in Gedanken zu rekonstruieren. Ich sah diesen Christen des Mittelalters aus einem Guss, inbrünstig und aufrichtig, das Herz gebrochen angesichts der Kriege, der Zwietracht und der Leiden seiner Zeitgenossen. Er floh vor diesem Abgrund von Schlechtigkeiten in die asketische Versenkung, um sich soweit wie möglich von einem Leben zu lösen, in dem die Vorstellung von der Vervollkommnungsfähigkeit der Massen dem einzelnen nicht mehr fassbar war.

Den Kartäuser des 19. Jahrhunderts hingegen konnte ich mir nicht so leicht vorstellen. Er schliesst die Augen vor dem klaren, deutlichen Fortschritt der Humanität, er ist gleichgültig gegenüber dem Leben anderer Menschen, er begreift weder die Religion noch den Papst, weder die Kirche noch die Gesellschaft und schon gar nicht sich selbst. Seine Kartause ist ihm nur noch eine geräumige, angenehme und sichere Behausung, seine Berufung nur eine sichere Existenz, die Straffreiheit für seine Triebe gewährt und dazu dient, ohne eigenen Verdienst die Ehrerbietung und Achtung der Gläubigen, der Bauern und der Frauen, zu erhalten. Es war mir nicht möglich, abzuschätzen, was er an Gewissensbissen, Verblendung, Heuchelei oder Aufrichtigkeit mit sich herumtrug. Unmöglich kann diesem Mann ein wahrhafter Glaube an die römische Kirche innewohnen, es sei denn, er ist mit geistiger Armut geschlagen. Ebensowenig kann er aber erklärter Atheist gewesen sein. Sein ganzes Leben wäre eine verabscheuungswürdige Lüge gewesen, und ich hätte nicht an einen vollkommen dummen oder vollkommen ruchlosen Mann glauben können. Ich habe die Vorstellung von seinen inneren Kämpfen, schwankend zwischen Auflehnung und Unterwerfung, zwischen philosophischem Zweifel und abergläubischem Terror, was ich wie seine Hölle vor Augen hatte. Je mehr ich mich in diesen Kartäuser hineinversetzte, der vor mir in meiner Zelle gewohnt hatte, um so stärker fühlte ich in meiner aufgewühlten Phantasie die Ängste und die Unruhe, die ich ihm zuschrieb, auf mir lasten.

Ein Blick auf die alten Klöster und auf die moderne Kartause reichte, um die höheren Ansprüche an das Wohlbefinden, die Hygiene und sogar die Eleganz nachzuvollziehen, die sich in das Leben dieser Einsiedler geschlichen hatten. Ebenso wurden aber auch erste Anzeichen einer Lockerung der strengen Klosterregeln, der Bereitschaft zur Kasteiung und der Bussfertigkeit deutlich. Waren die alten Zellen allesamt dunkel, eng und zugig, so waren die neuen luftig, hell und gut gebaut. Die Beschreibung der von uns bewohnten Zelle soll eine Vorstellung von der abgemilderten Strenge der bereits teilweise umgangenen Kartäuserregeln geben.

Sie bestand aus drei grossen Räumen mit einer eleganten Gewölbedecke. Durchbrochene Rosetten, alle unterschiedlich und mit sehr hübschem Muster, sorgten vom Garten her für frische Luft. Ein dunkler Vorraum trennte diese drei Räume zum Kloster hin und war mit einer starken Eichentür verschlossen. Die Mauern waren drei Fuss dick. Der mittlere Raum der Zelle war zur Lektüre bestimmt, zum Gebet, zur

Meditation; das einzige Möbelstück darin war ein grosser, in die Mauer eingelassener Betstuhl mit Rückenlehne von etwa sechs bis acht Fuss Höhe. Der Raum zur rechten war der Schlafraum des Mönchs, in dem sich hinten ein sehr niedrige Alkoven befand, der wie eine Grabstätte oben mit Fliesen belegt war. Der Raum zur Linken war der Arbeitsraum, aber zugleich Esszimmer und Vorratskammer des Einsiedlers. An der Wand zum Gang des Klosters stand ein Schrank mit einem offenen Fach und Lukentür, die sich zum Kloster hin öffnen liess und durch die er seine Lebensmittel erhielt. Seine Küche bestand aus zwei kleinen Feuerstellen, die, wie es die Regel vorschrieb, im Freien standen, aber überdacht waren: Ein zum Garten hin offener Gewölbebogen schützte den Mönch bei seiner Essenszubereitung vor Regen und erlaubte ihm so, sich dieser Beschäftigung länger hinzugeben, als der Ordensgründer es einst vorgesehen hatte. Im übrigen verriet ein in diesem dritten Raum eingebauter Kamin noch weitere Annehmlichkeiten, obwohl die Kunst des Architekten nicht ausgereicht hatte, diesen Kamin benutzbar zu machen.

Die Zellen besassen hinten, in Höhe der Rosetten, einen langen, engen und dunklen Schacht zur Belüftung, und darüber befand sich ein Speicher, um Mais, Zwiebeln, dicke Bohnen und andere frugale Wintervorräte zu lagern. Nach Süden hin öffneten sich die drei Räume auf eine Terrasse, deren Abmessungen genau denen der gesamten Zelle entsprachen und zum Nachbarn hin durch etwa zehn Fuss hohen Mauern abgegrenzt war. Diese Terrasse ruhte auf einer massiven Mauerstufe oberhalb eines kleinen Orangenhains, der auf dem Berghang darunter angelegt war. Daran schlossen sich schöne Weingärten an und dann Terrassen mit Mandelbäumen und Palmen und so fort bis zum Grund des Tales, das, wie ich schon sagte, ein riesiger Garten war.

Jede Zellenterrasse besass zur rechten auf ihrer ganzen Länge einen steinernen Wassertrog von drei bis vier Fuss Breite und ebensolcher Tiefe, der durch zwei in die Balustrade der Terrasse eingelassene Rohre mit Bergwasser gespeist wurde. Es ergoss sich in steinerne Rinnen, deren kreuzförmige Anordnung den Terrassengarten in vier gleiche Quadrate teilte. Mir war nie erklärlich, warum so viel Wasser sein musste, damit ein einzelner Mensch seinen Durst löschen kann, oder warum derartiger Luxus für die Bewässerung des Terrassengartens von 20 Fuss im Durchmesser getrieben wurde. Wüsste man nicht, welche Furcht Mönche vor einem Bad haben und dass auch die Mallorquiner in dieser Hinsicht recht enthaltsam sind, könnte man glauben, dass die guten Kartäuser wie die indischen Priester ihr ganzes Leben mit rituellen Waschungen verbracht haben.

Diese mit Granatapfelbäumen, Zitronen- und Orangenbäumen bestandene Terrasse, gesäumt von umlaufenden, mit Ziegeln etwas erhöhten Wegen, ebenso wie der Wassertrog von duftenden Spalieren beschattet, war wie ein hübscher Salon mit Blumen und Grün, in dem der Mönch sich auch an feuchten Tagen trockenen Fusses ergehen konnte. Er konnte seinen Rasen an heissen Tagen ganz mit fliessendem

Wasser erfrischen, am Rande einer schönen Terrasse den Duft der Orangenbäume einatmen, deren dichte Wipfel unter seinen Augen über und über von Blüten und Früchten bedeckte Kuppeln bildeten. Hier konnte er in absoluter Ruhe die gleichzeitig herbe wie anmutige, melancholische wie grandiose Landschaft betrachten, die ich schon beschrieb. Schliesslich konnte er als Augenweide seltene und kostbare Blumen züchten, zum Löschen seines Durstes die schmackhaftesten Früchte pflücken, dem erhabenen Rauschen des Meeres lauschen, die Pracht der Sommernächte unter dem wunderbaren Himmel bewundern, und den Ewigen Gott im schönsten Tempel anbeten, den er je dem Menschen im Schoss der Natur erschlossen hat.

So nämlich stellte ich mir die unsagbaren Genüsse der Kartause vor, und so versprach ich sie mir selbst, als ich mich in einer dieser Zellen einrichtete, die dafür geschaffen schienen, die wunderbaren Launen der Vorstellung oder der Träume einer ausgesuchten Schar von Poeten und Künstlern zufriedenzustellen.

Doch stelle man sich dann die Existenz eines Menschen ohne Intelligenz vor, der demzufolge weder zu Träumerei noch zu Meditation in der Lage ist, vielleicht auch ohne Glaube, das heisst, ohne inneres Feuer und ohne Andacht, der in dieser Zelle mit den massiven, stummen und tauben Mauern eingesperrt ist, den stumpfsinnigen Beschränkungen der Regeln unterworfen, die er dem Buchstaben nach beachten muss, ohne den Sinn zu verstehen. Er ist zu den Schrecken der Einsamkeit verdammt und darauf beschränkt, nur von ferne, von seinem Berg herab, das Treiben der Menschen im Tal zu beobachten, auf ewig fremd den wenigen anderen gefangenen Seelen, demselben Schweigen geweiht, in derselben Gruft eingeschlossen, immer nebeneinander und selbst beim Gebet immer getrennt. Wenn man sich schliesslich selbst als freier und denkender Mensch empfindet, der sich zu bestimmten Schrecknissen und Schwächen hingezogen fühlt, so erscheint dies alles hier traurig und düster wie ein Leben des Nichts, des Irrtums und der Ohnmacht.

Dann versteht man den unermesslichen Verdruss dieses Mönchs. Die Natur verschwendet an ihn ihre schönsten Schauspiele, doch er kann sich daran nicht erfreuen, denn er kann seine Freude mit keinem anderen Menschen teilen. Dann ist die grausame Traurigkeit dieses Büssers verständlich, der wie eine Pflanze nur noch Hitze und Kälte verspürt und die tödliche Kälte dieses Christen, bei dem nichts den asketischen Geist neu belebt und stärkt. Dazu verdammt, allein zu essen, allein zu arbeiten, allein zu leiden und zu beten, kann er nur noch ein einziges Bedürfnis haben, nämlich dieser schrecklichen Abgeschiedenheit zu entrinnen. Wie man mir berichtet hat, gaben die letzten Kartäuser diesem Wunsch so sehr nach, dass einige Wochen und ganze Monate fernblieben, ohne dass es dem Prior möglich war, sie zur Rückkehr in den Orden zu bewegen.

Ich fürchte, ich habe unsere Kartause des langen und breiten beschrieben, ohne die geringste Vorstellung zu vermitteln, welches Entzücken sie für uns auf den ersten Blick barg und wie sie bei näherem Hinsehen in unseren Augen an Poesie verlor. Wie immer habe ich meinen aufsteigenden Erinnerungen nachgegeben, und während ich mich bemühe, meine Eindrücke mitzuteilen, frage ich mich, warum ich nicht in 20 Zeilen gesagt habe, wofür ich 20 Seiten brauchte. Einer müden Seele mag alles, was zur sorglosen Entspannung des Geistes beiträgt, köstlich erscheinen, doch wenn das Überlegen einsetzt, verfliegt der Charme des Müssigganges. So gelingt es nur dem Genie, ein lebendiges und vollständiges Bild mit einem einzigen Pinselstrich hinzuzaubern. Als Monsieur Lamennais die *Kamaldulenser*[1] von Tivoli besuchte, ergriff ihn dasselbe überwältigende Gefühl, und er erklärte gebieterisch:

"Wir langten zur Stunde des gemeinschaftlichen Gebetes bei ihnen an. Sie alle schienen uns in fortgeschrittenem Alter und grösser als wir. Auch nach der Messe blieben sie zu beiden Seiten des Kirchenschiffs unbeweglich auf den Knien, in tiefe Meditation versunken, als seien sie schon nicht mehr von dieser Erde. Der kahle Kopf neigte sich über andere Gedanken und andere Sorgen, sonst gab es keine Bewegung, kein äusseres Zeichen von Leben. Sie ähnelten in ihren langen weissen Mänteln den Statuen, die an alten Grabstätten beten.

Diese einsame Existenz hat sicher durchaus Anziehungskraft für manche weltenmüde und ihrer

---

(1) Eremitenorden der Benediktiner, benannt nach der Einsiedlerkolonie Camaldoli in der Toskana.

Illusionen beraubten Seelen. Wer hat sich nicht schon einmal danach gesehnt? Wer hat nicht schon öfter an den Rückzug in die Einöde gedacht, an Ausruhen in einem Winkel des Waldes oder in einer Berghöhle geträumt, an der unbekannten Quelle, an der die Vögel des Himmels ihren Durst löschen?

Das ist jedoch nicht die wahre Bestimmung des Menschen. Er ist für die Tat geboren, er hat seine Aufgabe zu erfüllen. Was macht es aus, dass sie schwierig ist? Ist sie nicht aus Liebe aufgegeben worden?" *(Affaires de Rome)*.

Mich hat diese kurze Seite immer erstaunt, die voller Bilder, Verlangen, Ideen und tiefem Nachdenken ist. Sie steckt wie zufällig mitten in dem Bericht von Monsieur Lamennais mit Erklärungen zum Heiligen Stuhl. Sicherlich liefert sie eines Tages einem grossen Maler das Sujet für ein Bild. Da sind die Kamaldulenser im Gebet, unbekannte friedliche Mönche, auf ewig nutz- und machtlos, verfallende Geister als letzte Verkörperungen eines Kults, der in die Vergessenheit versinkt und die auf den Steinen der Gruft knien, die kalt und düster ist wie sie. Auf der anderen Seite stünde der Mensch der Zukunft, der letzte Priester, den der letzte Funken des kirchlichen Genius wiederbelebt hat, und meditiert über das Geschick dieser Mönche, indem er sie als Künstler betrachtet, sie als Philosoph beurteilt. Einerseits die Leviten des Todes unbeweglich unter ihren Grabtüchern, andererseits der Apostel des Lebens. Er, der sich unermüdlich in den unendlichen Bereichen des Denkens tummelt, der bereits der Poesie des Klosters ein letztes mitfühlendes Lebewohl zuruft, den Staub der Stadt der Päpste von den Füssen schüttelt, um sich auf den heiligen Weg der ethischen Freiheit zu stürzen.

Historisch gesehen habe ich in Bezug auf die Kartause nur etwas über die Predigt des heiligen Vincent Ferrer in Valldemossa zur Verfügung, wobei ich wiederum Monsieur Tastu den genauen Bericht verdanke. Diese Predigt war anno 1413 das wichtigste Ereignis auf Mallorca. Dabei erfährt man, wie inbrünstig man sich damals nach einem Missionar sehnte und wie feierlich man ihn empfing.

In einer grossen Versammlung im Jahre 1409 entschieden die Mallorquiner, man möge an Don Vincent Ferrer (oder Ferrier) schreiben, mit der Bitte, auch auf Mallorca zu predigen. Don Louis de Prades, Bischof von Mallorca, Kardinalstaatssekretär von Papst Benedikt XIII. (Gegenpapst Pierre de Luna), schrieb den Juraten von Valence 1412 einen Brief und erbat die apostolische Hilfe von Meister Vincent. Im darauffolgenden Jahr traf er ihn in Barcelona und schiffte sich mit ihm nach Palma ein. Der heilige Missionar begann mit seinen Predigten am Morgen nach seiner Ankunft und ornete ausserdem nächtliche Prozessionen an. Auf der Insel herrschte seit längerem grösste Trockenheit, doch ab der dritten Predigt von Meister Vincent fiel Regen. Der königliche Abgesandte, Don Pedro de Casaldaguila, teilte König Ferdinand folgende Einzelheiten mit:

"Allerhöchster, Vortrefflichster Prinz und Siegreicher Herr, ich habe die Ehre, Ihnen zu verkünden, dass

Meister Vincent am ersten September hier angelangt ist und feierlich empfangen wurde. Am Samstagmorgen begann er, vor einer unermesslichen Menge zu predigen, deren Frömmigkeit ihren Ausdruck darin findet, dass jede Nacht Prozessionen stattfinden, bei denen Männer, Frauen und Kinder sich geisseln. Seit langer Zeit hatte es nicht geregnet. Gott der Herr, angerührt von den Gebeten der Kinder und des Volkes, hat auf dieses an Trockenheit sterbende Königreich ab der dritten Predigt reichlich Regen auf der ganzen Insel fallen lassen, was die Bewohner sehr erfreut hat.

Auf dass Gott, unser Herr, Sie lange Jahre schützen möge, Allersiegreicher Herr, und Ihre Königreiche segne.

Mallorca, 11. September 1413."

Da die Menge, die den heiligen Missionar hören wollte, so anwuchs, dass die grosse Kirche des Klosters Santo Domingo sie nicht mehr fassen konnte, war man gezwungen, den riesigen Garten des Klosters zu öffnen, wobei man Tribünen errichtete und Mauern niederriss.

Bis zum 3. Oktober predigte Vincent Ferrer in Palma, dann bereiste er die Insel. Seine erste Station war das Kloster in Valldemossa, das ihn beherbergen und beköstigen sollte. Er hatte es sicherlich gewählt, weil sein Bruder Bonifacius General im Kartäuserorden war. Der Prior von Valldemossa holte ihn in Palma ab und begleitete ihn dorthin. In Valldemossa war - mehr noch als in Palma - die Kirche viel zu klein, um die inbrünstige Menge zu fassen. Die Chronisten berichten das folgende:

"Die Stadt Valldemossa bewahrt die Erinnerung an den heilige Vincent Ferrer, der dort das göttliche Wort säte. Auf Gemeindeland befindet sich ein Besitz namens *Son Gual*, wohin sich der Missionar begab, gefolgt von einer unendlichen Menge. Das Gelände war weit und eben. Der gespaltene Stamm eines uralten und riesigen Olivenbaums diente ihm als Kanzel. Während der Heilige vom Olivenbaum herunter predigte, begann es in Strömen zu regnen. Der Teufel erzeugte Sturm, Blitz und Donner und schien die Zuhörer zwingen zu wollen, Schutz zu suchen, wie es einige auch taten. Als Vincent ihnen befahl, sich nicht zu rühren, und zu beten begann, breitete sich sogleich eine Wolke wie ein Baldachin über ihn und die, die ihm zuhörten, aus, während alle, die auf dem benachbarten Feld weiter gearbeitet hatten, die Arbeit liegenlassen mussten.

Vor einem knappen Jahrhundert existierte der alte Olivenbaum noch, denn unsere frommen Vorfahren hatten ihn nicht angerührt. Da sich die Erben des Besitzes *Son Gual* nicht um den heiligen Baum kümmerten, verlor sich die Erinnerung daran. Doch nach Gottes Willen sollte die ländliche Kanzel des Heiligen Vincent nicht auf immer verlorengehen. Als Diener des Eigentümers Holz schlagen wollten, machten sie sich daran, auch den Olivenbaum zu zerlegen, doch zerbrachen die Werkzeuge sofort. Als dies die Alten erfuhren, weinte man ob des Wunders, und der geheiligte Olivenbaum blieb unangetastet.

Später zerbarst dieser Baum in 34 Teile und obwohl er dicht bei der Stadt lag, wagte sich niemand daran, denn man achtete ihn wie eine Reliquie.

Währenddessen predigte der heilige Vincent in den kleinsten Weilern und heilte die Unglücklichen an Leib und Seele. Als einziges Heilmittel verordnete der Heilige das Wasser einer Quelle bei Valldemossa. Diese Quelle trägt immer noch den Namen *Sa bassa Ferrera*.

Der Heilige Vincent verbrachte sechs Monate auf der Insel, bis er von Ferdinand, dem König von Aragon, zurückgerufen wurde. Er sollte dabei helfen, die Kirchenspaltung zu beenden, die das Abendland in Aufruhr versetzte. Der heilige Missionar verabschiedete sich von den Mallorquinern mit einer Predigt, die er am 22. Februar 1414 in der Kathedrale von Palma hielt. Er segnete seine Zuhörerschaft und begab sich dann, begleitet von den Ratsherren, Adligen und einer Volksmenge, zum Schiff, wobei er noch Wunder tat, wie die Chroniken berichten und wie sie bis heute auf den Balearen erzählt werden."

Dieser Bericht, der Fräulein Fanny Elssler lächeln liesse, veranlasste Monsieur Tastu zu einer in zweierlei Hinsicht kuriosen Bemerkung: Sie erklärt einmal eines der Wunder des heiligen Vincent Ferrier auf ganz natürliche Weise und bestätigt zum anderen eine bedeutsame Tatsache der Sprachgeschichte wie folgt:

"Vincent Ferrer schrieb seine Predigten in Latein und hielt sie in der Sprache des Limousin. Man nahm es für ein Wunder, dass es der heilige Prediger vermochte, von allen seinen Zuhörern verstanden zu werden, obwohl er in einer fremden Sprache zu ihnen sprach. Es ist jedoch nichts Wunderbares daran, wenn man sich in die Glanzzeit von Meister Vincent zurückversetzt. In jener Epoche war nämlich die romanische Sprache mit wenigen Abweichungen die gleiche in Nord-, Mittel- und Südeuropa. Die Menschen, vor allem die Gebildeten, verstanden sich sehr gut. Meister Vincent predigte mit Erfolg in England, Schottland, Irland, in Paris, in der Bretagne, Italien, Spanien und auf den Balearen. Wenn man sie auch nicht sprach, so wurde eine romanische Sprache, die in irgendeiner Form verwandt der Muttersprache von Vincent Ferrer, dem Valenzianischen, war, doch in allen Ländern verstanden.

Im übrigen war dieser berühmte Missionar ein Zeitgenosse des Dichters *Chaucer*, von *Jean Froissart, Christine von Pisa*, von *Boccaccio, Ausias March* und vielen anderen europäischen Berühmtheiten"

Die balearische Bevölkerung spricht die alte romanische Sprache des Limousin. Monsieur Rayounard hat diese Sprache ohne Prüfung und ohne Unterscheidung der provençalischen Sprache zugeordnet. Von allen romanischen Sprachen hat sich das Mallorquinische am wenigsten verändert, da es sich auf die Inseln konzentrierte, wo es vor ausländischen Einflüssen geschützt ist. Die Sprache des Languedoc, selbst heute noch in der abgeschliffenen Form des anmutigen *Patois* in Montpellier und Umgebung, zeigt die stärkste Analogie zum antiken und modernen Mallorquin. Das liegt an den häufigen Aufenthalten der Könige von Aragon mit ihrem Hofstaat in der Stadt Montpellier. Pedro II., der im Jahre 1213 in Muret im Kampf gegen Simon de Montfort fiel, war mit Marie, Tochter eines Grafen von Montpellier, verheiratet, und aus dieser Verbindung stammte Jaime I., *"el conquistador"*, der in dieser Stadt geboren und dort die ersten Jahre seiner Kindheit verbrachte.

Eine Unterscheidung des Mallorquin von den anderen romanischen Dialekten des Languedoc liegt in den Artikeln in der volkstümlichen Grammatik. Nebenbei bemerkt, sind diese Artikel von alters her in Gebrauch, tauchen aber nie in den Dokumenten aus der Zeit der Eroberung der Balearen durch die Aragonesen auf. Daraus lässt sich schliessen, dass auf den Inseln, wie in Italien, gleichzeitig zwei Sprachen in Gebrauch waren: die Umgangssprache, *plebea*, des Volkes, die sich kaum änderte und die akademische Schriftsprache, *aulica illustra*, die mit der Zeit durch verschiedene Einflüsse bereinigt oder vervollkommnet wurde. Die Schriftsprache Spaniens ist heute das Kastilische. Jede Provinz hat sich jedoch ihren speziellen Dialekt für den täglichen Gebrauch bewahrt. Auf Mallorca wird das Kastilische ausser für offizielle Zwecke kaum einmal verwendet. Im täglichen Leben wird man bei Volk und Adel kaum etwas anderes als Mallorquin hören. Wenn Sie an einem Balkon vorbeikommen, auf dem ein junges Mädchen, eine *Atlote* (von dem maurischen Wort *aila, lella*), seine Blumen giesst, können Sie sie in ihrem sanften Dialekt singen hören:

Sas atlotes, tots es diumenges,

Quan no tenen res mes que fer,

Van à regar es claveller,

Dihent-li: Beu! jà que no menjes!

Jeden Sonntag werden die jungen Mädchen,

wenn sie nichts Besseres zu tun haben,

als den Topf mit Nelken zu giessen,

ihnen sagen: Trink, da du ja nichts isst!

Die Musik begleitet die Worte des jungen Mädchens in maurischem Rhythmus, und die gleichmässig traurige Tonfolge ist anrührend und lädt zum Träumen ein. Die Mütter, die das junge Mädchen gehört haben, antworten ihr dann gewiss:

Atlotes, filau! filau!
Que sa camya se ríu;
Y sino l'apadassau,
No v's arribar 'à s'estiu!

Mädchen spinnt! Spinnt!
Denn das Hemd wird abgenutzt,
und wenn ihr nicht ein Stück daransetzt,
wird es euch nicht
      bis zum Sommer halten können!

Das Mallorquinische klingt, besonders aus dem Mund der Frauen, reizvoll für Fremde, weil es sanft und anmutig ist. Wenn eine Mallorquinerin Ihnen zum Abschied so melodische Worte sagt:

"Bona nit tenga! Es meu cô no basta
per dir li: Adios!"

"Gute Nacht! Mein Herz möchte Euch mehr als Lebewohl sagen!",

so klingt die weiche, melodische *Kantilene* (Klagelied) wie eine musikalische Abschiedsphrase.

Nach diesen Proben der mallorquinischen Volkssprache möchte ich ein Beispiel der alten akademischen Sprache zitieren. Das ist der *Mercader mallorqui*, der mallorquinische Kaufmann, ein Troubador des 14. Jahrhunderts, der die Unnachgiebigkeit seiner Dame besingt und so von ihr Abschied nimmt:

> *Cercats d'uy may jà siats bella e pros,*
> *'quels vostres pres, e laus, e ris plesents,*
> *Car vengut es lo temps que m'aurets mens.*
> *No m'aucirà vostre 'sguard amoros,*
> *No la sembança gaya;*
> *Car trobat n'ay*
> *Altra qui m'play*
> *Sol qui lui playa!*
> *Altra, sens vos, per que l'in volray be.*
> *E tindr' en car s'amor, que 'xi s'conve.*

Sucht fortan, obwohl Ihr schön und edel seid,
diese Vorzüge, dieses Lob, dies charmante
      Lächeln, das nur für Euch war,
denn die Zeit ist gekommen,
wo Ihr mich nicht mehr bei Euch habt.
Euer Liebesblick wird
      mich nicht mehr töten können,
noch Eure falsche Fröhlichkeit;
denn ich habe mir gesucht

eine andere, die mir gefällt.
Wenn ich ihr doch nur gefallen könnte!
Eine andere, nicht mehr Ihr,
dafür weiss ich ihr Dank,
deren Liebe mir teuer sein wird:
so muss ich handeln.

Die Mallorquiner sind wie alle mediterranen Völker von Natur aus Musiker und Dichter oder, wie es ihre Vorfahren nannten, *"trobadors"*, Troubadoure. Aus Mallorca stammen einige, die diesen Ruf verdienen, zwei davon aus Soller. An diese *"trobadors"* wenden sich gewöhnlich die glücklich oder unglücklich Liebenden. Man gibt ihnen etwas Geld und sagt, was man gesungen haben möchte. Damit gehen die Troubadoure zu später Stunde unter die Balkone der jungen Mädchen und singen die improvisierten *"coblas"* als Lob oder als Klage, gelegentlich auch als Beleidigung, im Auftrag derjenigen, die die Dichtermusikanten bezahlen. Diesem Vergnügen können sich auch Ausländer hingeben, was auf Mallorca keine Konsequenzen hat.

(Notiz von Monsieur Tastu).

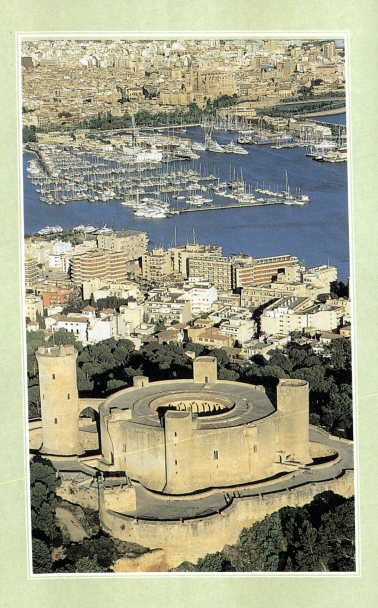

DRITTES KAPITEL

ein Bericht aus Valldemossa wäre unvollständig, spräche ich nicht von der fanatischen Frömmigkeit der uns bekannten Dorfbewohner. Blättern wir also noch etwas in den frommen Annalen und kommen damit auf die Heilige zu sprechen, mit der sie sich brüsten und deren Bauernhaus sie stolz vorführen.

"Valldemossa ist auch die Heimat von Catalina Tomás[1], die 1792 von Papst Pius VI. seliggesprochen wurde. Ihr Leben wurde mehrfach, letztlich auch von Kardinal Antonio Despuig, beschrieben. Es beweist eine Art anmutiger Naivität. Nach der Legende hat Gott seine Dienerin mit einem frühreifen Verstand gesegnet, denn schon bevor sie das von der Kirche vorgeschriebene Alter erreichte, hält sie streng die Fastentage ein. Auch in ihrer Jugend nahm sie nicht mehr als eine Mahlzeit pro Tag zu sich. Ihr glühender Glaube an das Leiden des Erlösers und die

---

[1] *Alljährlich findet in Valldemossa am 28. Juli das Fest der Heiligen statt, die "Festa de Beata".*

Schmerzen seiner heiligen Mutter lassen sie während ihrer Spaziergänge ständig den Rosenkranz beten. Dabei benutzt sie Blätter des Olivenbaums oder des Mastixstrauchs, um die Rosenkranzgesätze zu zählen. Der Spitzname *la viejecita*, kleine Alte, wurde ihr verliehen, weil sie dazu neigte, für sich zu bleiben und religiöse Exerzitien abzuhalten statt Bälle zu besuchen und anderen profanen Zerstreuungen nachzugehen. Ihre Einsamkeit und ihre Enthaltsamkeit wurden mit Erscheinungen ganzer himmlischer Heerscharen belohnt: Jesus Christus, seine Mutter und die Heiligen machten sich zu ihren Dienern. Maria pflegte sie bei ihren Krankheiten; der heilige Bruno hob sie auf, wenn sie stürzte; der heilige Antonius begleitete sie in der Dunkelheit der Nacht, wobei er ihren Krug zum Brunnen trug und dort füllte; die heilige Katharina, ihre Schutzpatronin, richtete ihr Haar und pflegte sie wie eine aufmerksame und umsichtige Mutter; der heilige Cosmus und der heilige Damian heilten die Wunden, die sie sich in ihren Kämpfen mit dem Teufel geholt hatte, denn ihre Siege errang sie nicht ohne Kämpfe; schliesslich standen ihr der heilige Petrus und der heilige Paulus als Beistand zur Seite, um sie vor Versuchungen zu beschützen.

Sie trat dem Orden des heiligen Augustinus im Kloster der Santa Maddalena in Palma bei und wurde das Musterbeispiel einer Büsserin, wie sie die Kirchengebete besingen: gehorsam, arm, keusch und demütig. Ihre Biographen schrieben ihr prophetischen Geist und Wunderkräfte zu. Sie berichten, dass Catalina, als auf Mallorca öffentlich für die Gesundheit des Papstes Pius V. gebetet wurde, eines Tages die Betenden plötzlich unterbrach. Es sei nicht mehr notwendig zu beten, denn zu ebendieser Stunde habe der Pontifex diese Welt verlassen, was sich auch als wahr erwies.

Catalinaa Tomás starb am 5. April 1574 mit den Worten des Psalmes *"Herr, ich gebe meinen Geist in Deine Hände"* auf ihren Lippen.

Ihr Tod galt als grosses Unglück für die ganze Insel, und sie wurde mit allen Ehren bestattet. Eine fromme Mallorquinerin, Doña Juana de Pochs, ersetzte das hölzerne Grabkreuz des heiligen Mädchens durch ein anderes aus kostbarem Alabaster aus Genua. Ausserdem verfügte sie testamentarisch, dass alljährlich eine Messe am Tag der Überführung der Seligen und eine andere am Tag ihrer Schutzpatronin, der heiligen Katharina, abzuhalten sei. Desgleichen sollte ein ewiges Licht an ihrem Grab brennen.

Der Körper der Heiligen befindet sich heute im Nonnenkloster der Gemeinde Santa Eulalia, wo Kardinal Despuig ihr einen Altar und einen Gottesdienst weihte." *(Anmerkung von Monsieur Tastu)*.

Ich wollte diese kleine Legende gern erzählen, weil ich echte und achtunggebietende Frömmigkeit glühender Seelen nicht leugnen will. Die Schwärmerei und die Visionen der kleinen Bergbewohnerin von Valldemossa entsprechen aber im religiösen Sinn und philosophischen Wert nicht den Erleuchtungen und Ekstasen der Heiligen der guten christlichen

Zeit. Dennoch ist *la viejecita Tomasa* verwandt mit der poetischen Schäferin, der heiligen Genoveva, oder der bewunderungswürdigen Hirtin Jeanne d'Arc. Die römische Kirche hat sich nie geweigert, den demütigsten Kindern des Volkes Ehrenplätze im himmlischen Reich zu verleihen; aber jetzt werden die Apostel verdammt und zurückwiesen, die den Platz des Volkes im Erdenreich erheben wollen. Das Bauernmädchen Catalina war gehorsam, arm, keusch und demütig. Doch die Bauern von Valldemossa haben von ihrem Beispiel kaum etwas gelernt und so wenig davon begriffen, dass sie eines Tages meine Kinder mit Steinen bewerfen wollten, weil mein Sohn die Ruinen des Klosters zeichnete. Das schien ihnen eine Entweihung zu sein. Sie handelten wie die Kirche: Die eine Hand entzündet die Scheiterhaufen der *Autodafés*[1], die andere Weihrauch bei den Reliquien der Heiligen und Seligen.

Das Dorf Valldemossa, das schon seit den Zeiten der Araber stolz auf die Bezeichnung "Stadt" ist, liegt im Schoss der Berge, unterhalb der Kartause, deren Anhang es zu sein scheint. Wie eine Ansammlung von Seeschwalbennestern befindet es sich an einer nahezu unzugänglichen Stelle. Seine Männer, meistens Fischer, verlassen das Dorf am frühen Morgen und kehren erst des Abends zurück. Den ganzen Tag ist das Dorf also in der Hand der schwatzhaftesten Frauen der Welt, die man auf den Türschwellen sitzen sieht, damit beschäftigt, die Netze und die Hosen ihrer Männer notdürftig zu flicken, wobei sie

[1] *Ketzerverbrennungen*

lauthals singen. Sie sind genauso fromm wie ihre Männer, doch ihre Frömmigkeit ist nicht so intolerant, weil sie echter ist. Damit sind sie hier wie überall sonst dem anderen Geschlecht überlegen.

Im allgemeinen ist der Eifer der Frauen bei der Religionsausübung eine Sache der Schwärmerei, der Gewohnheit oder der Überzeugung, während die Männer meist der Ehrgeiz oder der Nutzen treibt. Das bewies Frankreich unter den Regentschaften von Ludwig XVIII. und Karl X. zur Genüge, als hohe wie niedrige Verwaltungsämter und Armeeposten mit einem Beichtbrief oder einer Messe käuflich waren.

Die Anhänglichkeit der Mallorquiner an die Mönche beruht schlicht auf Habsucht. Dies lässt sich mit der Aussage von Monsieur Marliani verdeutlichen. Die Geschichtsschreiber des heutigen Spaniens sprechen sich im allgemeinen gegen die 1835 erfolgte gewaltsame Vertreibung der Mönche aus.

"Als wohlwollende Besitzer," sagt er, "die wenig an ihrem Besitz interessiert waren, hatten sie ein reelles Interessensverhältnis zu den Bauern geschaffen. Die Pächter auf den Gütern des Klosters zahlten die Pacht weder regelmässig noch immer korrekt. Die Mönche ihrerseits horteten nichts, da sie keinerlei weltliches Interesse daran hatten. Solange die gelieferte Menge an Produkten für die Ernährung aller genügte, zeigten sie sich hinsichtlich des Rests sehr entgegenkommend. Die brutale Beraubung der Mönche machte also der Faulenzerei und dem Egoismus der Bauern ein Ende, die sofort erkannten, dass die Regierung und der neue Besitzer sehr viel mehr fordern würden als eine Gemeinschaft von Parasiten ohne familiäre oder gesellschaftliche Interessen. Die vor den Toren des Klosters herumwimmelnden Bettler bekamen nicht einmal mehr die Reste."

Die mallorquinischen Bauern dürften dem Karlismus nur aus materiellen Gründen anhängen. Diese Provinz ist kaum durch patriotische Gefühle an Spanien gebunden, und die Bevölkerung hat für politisches Engagement nicht viel übrig. Bei allen geheimen Wünschen nach der Wiedereinsetzung der alten Sitten waren sie jeder Änderung, welcher Art auch immer, abhold. Der Alarm, der die Insel zur Zeit unseres Aufenthalts in Belagerungszustand versetzte, hat die Anhänger von Don Carlos kaum weniger entsetzt als die Verteidiger der Königin Isabella. Dieser Alarm dokumentiert vielleicht nicht gerade die Feigheit der Mallorquiner (sie gäben wohl sehr fähige, gute Soldaten ab), sondern viel eher die Ängste, die der Sorge um den Besitz und dem Sicherheitsbedürfnis entspringen.

Eines Nachts träumte ein alter Priester, sein Haus werde von Räubern überfallen; er erhob sich ganz verstört unter dem Eindruck dieses Alptraums und weckte seine Dienerin. Diese liess sich von seinem Schrecken anstecken und, ohne zu wissen, worum es eigentlich ging, schrie sie so laut, dass die ganze Nachbarschaft erwachte. Das Grauen verbreitete sich im Ort und von da aus über die ganze Insel. Die Nachricht von der Landung der karlistischen Armee machte die Runde. Der Priester bestätigte dem Generalkapitän in seiner Aussage, ob nun aus Scham, sein Wort zurücknehmen zu müssen, ob aus Verwirrung, dass er die Karlisten gesehen habe. Sofort wurden alle Massnahmen ergriffen, dieser Gefahr zu begegnen: In Palma wurde der Belagerungszustand ausgerufen und alle militärischen Kräfte der Insel mobilisiert.

Es zeigte sich jedoch niemand, in keinem Busch rührte sich etwas, keine fremden Fussspuren waren wie auf Robinsons Insel im Ufersand zu entdecken. Die Obrigkeit bestrafte den armen Priester dafür, dass er sie lächerlich gemacht hatte, und warf ihn wie einen Rebellen ins Gefängnis, statt ihn wie einen Seher laufen zu lassen. Die angeordneten Massnahmen wurden jedoch nicht widerrufen. Mallorca war noch im Belagerungszustand, als wir die Insel zur Zeit der Hinrichtungen von Maroto verliessen.

Das Geheimnis, das die Mallorquiner aus den Ereignissen, die dann Spanien völlig veränderten, machen wollten, war ganz seltsam. Nur innerhalb der Familie wurde mit gesenkter Stimme davon gesprochen. Es ist unbegreiflich, woher in einem Land, in dem es wirklich weder Bösartigkeit noch Tyrannei gibt, solch ein verschrecktes Misstrauen kommt. Ich habe sehr über die Artikel in der Zeitung von Palma gelacht und immer bedauert, dass ich kein Muster dieser mallorquinischen Polemik mitgenommen habe. Doch der folgende Passus ist ohne Übertreibung ein Beispiel, wie man, nach Darstellung der Fakten, den Sinn und die Authentizität kommentierte:

"Diese Ereignisse mögen bei denen, die sie erlebten, als bewiesen gelten, doch können wir unseren

Lesern nicht genug empfehlen, vor einem Urteil die Folgen abzuwarten. Die Überlegungen, die sich bei Vorlage solcher Tatsachen aufdrängen, müssen erst reifen, damit man Gewissheit hat. Wir wollen die Tatsachen nicht erneut anzweifeln, werden aber keine übereilten unvorsichtigen Behauptungen auf uns nehmen. Die Geschicke Spaniens sind verschleiert und werden sicher bald enthüllt, doch niemand sollte vor der Zeit eine unbedachte Enthüllung versuchen. Daher enthalten wir uns bis auf weiteres einer Meinung und empfehlen allen, so klug zu sein, die Handlungen der verschiedenen Parteien nicht zu kommentieren, bevor die Lage sich nicht klarer abzeichnet." etc.

Vorsicht und Zurückhaltung sind ihre hervorstechendsten Charakterzüge, wie die Mallorquiner selbst zugeben. Wenn man Bauern auf dem Lande begegnet, werden sie immer einen Gruss mit einem austauschen. Richtet man aber ein Wort mehr an sie, ohne ihnen bekannt zu sein, hüten sie sich, zu antworten, selbst wenn man ihren Dialekt spricht. Es genügt schon, fremdländisch auszusehen, damit sie Angst bekommen und einem aus dem Wege gehen.

Wir hätten mit den guten Leuten in gutem Einvernehmen leben können, hätten wir uns in ihrer Kirche blicken lassen. Sie hätten zwar weiter jede sich bietende Gelegenheit genutzt, uns übers Ohr zu hauen, aber wir hätten auf unseren Spaziergängen in den Feldern nicht riskiert, dass uns plötzlich aus einem Busch heraus ein Stein an den Kopf fliegt. Leider kam uns diese Vorsichtsmassnahme anfangs nicht in den Sinn. Fast bis zum Schluss blieb uns verborgen, wie sehr unsere Art bei ihnen Anstoss erregte. Sie schimpften uns Heiden, Mohammedaner und gar Juden, die ihrer Meinung nach die Schlimmsten von allen sind. Der Bürgermeister wies uns auf die Missbilligung seiner Mitbürger hin. Vielleicht machte uns auch der Pfarrer zum Gegenstand seiner Predigten. Die Bluse und die Hosen meiner Tochter missfielen ihnen besonders. Sie fanden es sehr schlimm, dass ein junges Mädchen von neun Jahren als Mann verkleidet in den Bergen herumstreifte. Und es waren nicht nur Bauern, die diese Prüderie an den Tag legten.

Vergeblich rief uns in der Kartause sonntags das Horn, das im Dorf und in der Umgebung ertönte, um die Nachzügler an den Gottesdienst zu mahnen. Wir waren taub, weil wir es nicht begriffen. Als wir verstanden, was es damit auf sich hatte, wurden wir erst recht taub. Sie fanden dann einen ganz und gar unchristlichen Weg, den Ruhm Gottes zu rächen. Sie verschworen sich untereinander und verkauften uns Fisch, Eier und Gemüse nur noch zu exorbitanten Preisen. Wir durften uns auf keine Preisliste oder den üblichen Preis berufen. Beim kleinsten Widerspruch sagte der Bauer hochnäsig wie ein spanischer Grande, *"Sie wollen wohl keine?"* wobei er seine Zwiebeln oder Kartoffeln in seinen Sack zurückstopfte; *"Dann bekommen Sie eben keine."* Daraufhin zog er sich würdevoll zurück, und es war unmöglich, ihn zurückzuholen, um sich zu einigen. Er liess uns hungern zur Strafe dafür, dass wir gewagt hatten, mit ihm zu handeln.

Wir mussten tatsächlich hungern. Unter den Verkäufern gab es weder Konkurrenz noch einen Rabatt. Der nächste, der kam, verlangte das Doppelte und der dritte das Dreifache, so dass wir ihnen ausgeliefert waren und das Leben von Einsiedlern führen mussten, und zwar viel kostspieliger als das eines Prinzen in Paris. Glücklicherweise blieb uns noch eine andere Quelle, nämlich uns in Palma mit Hilfe des Kochs des Konsuls zu versorgen, der unser rettender Engel wurde. Wäre ich der römische Kaiser, hätte ich seine Kochmütze zum Sternbild erhoben. An Regentagen wollte keiner der Boten, um welchen Preis auch immer, die Reise riskieren. Da es zwei Monate lang regnete, hatten wir oft Brot wie Schiffszwieback und speisten wahrhaft frugal wie echte Kartäuser.

Wären wir alle wohlauf gewesen, hätte das nicht so viel ausgemacht. Ich bin bei den Mahlzeiten sehr mässig und sogar von Natur aus spartanisch. Der prächtige Appetit meiner Kinder aber liess uns alle Hebel in Bewegung setzen und aus jeder grünen Zitrone einen Leckerbissen werden. Mein Sohn, der schwach und krank angekommen war, lebte wie durch ein Wunder wieder auf. Er genas von einem sehr heftigen Rheumaanfall, indem er schon am frü-hen Morgen wie ein Hase auf der Flucht völlig durchnässt bis zur Taille im Gebüsch der Berge herumlief. Die Vorsehung liess Mutter Natur dieses Wunder an ihm tun. Wir hatten schon genug mit einem Kranken zu tun.

Dieser jedoch litt im Gegenteil unter der feuchten Luft und den Entbehrungen und siechte in erschreckender Weise dahin. Obwohl die gesamte Ärzteschaft von Palma ihn aufgegeben hatte, war es kein chronisches Leiden. Im Anschluss an einen Katarrh fehlte ihm eine stärkende Diät, so dass er einer melancholischen Schlappheit verfallen war, von der er sich nicht befreien konnte. Er fügte sich darein, wie man sich für sich selbst dreinschicken kann. Wir konnten uns aber nicht damit abfinden. Zum ersten Mal lernte ich grosse Sorgen wegen kleiner Unannehmlichkeiten kennen: die Wut wegen einer verpfefferten oder von den Dienern stibitzten Bouillon, die Angst um frisches Brot, das nicht ankam oder sich beim Überqueren des Wildbaches auf einem

Muli in einen Schwamm verwandelt hatte. Ich erinnere mich nicht mehr daran, was ich in Pisa oder Triest gegessen habe, aber selbst wenn ich hundert Jahre lebe, werde ich das Eintreffen des Lebensmittelkorbs in der Kartause nicht vergessen. Was hätte ich nicht dafür gegeben, unserem Kranken jeden Tag eine Consommé und ein Glas Bordeaux anbieten zu können! Mallorquinische Lebensmittel und vor allem ihre Zubereitung, wenn wir nicht alles überwachten und selbst Hand anlegten, verursachten ihm einen unüberwindlichen Widerwillen. Soll ich verraten, bis zu welchem Punkt dieser Widerwille begründet war? Eines Tages servierte man uns ein mageres Huhn, und wir sahen auf seinem dampfenden Rücken riesige *maîtres* Flöhe hüpfen, aus denen Hoffmann ebenso viele boshafte Geister gemacht, aber sicherlich nicht mit Sauce gegessen hätte. Meine Kinder brachen in ein derartiges Gelächter aus, dass sie fast unter den Tisch fielen.

Die Grundlage der mallorquinischen Küche ist stets und ständig das Schwein in all seinen Zubereitungsformen und -arten. Da wäre die sprichwörtliche Redensart vom *Petit Savoyard* angebracht gewesen, der sein mieses Lokal anpries und bewundernd sagte, dass man dort fünf Sorten Fleisch äße: Schwein, Spanferkel, Speck, Schinken und Gepökeltes. Auf Mallorca gibt es sicherlich mehr als 2000 Gerichte mit Schwein, und mindestens 200 Sorten Wurst, so verschwenderisch gewürzt mit Knoblauch, Pfeffer, Peperoni und scharfen Gewürzen aller Art, dass man bei jedem Bissen sein Leben riskiert. Bei Tisch werden 20 Gerichte serviert, die alle ganz normal ausschauen. Sie entpuppen sich jedoch als infernalische Genüsse, die der Teufel persönlich gekocht hat.

Schliesslich wird als Dessert eine sehr gut aussehende Patisserie-Torte mit Fruchtscheiben, die kandierten Orangen ähneln, serviert. Tatsächlich handelt es sich aber eine Schweinefleischpastete mit Knoblauch, die Scheiben sind Tomaten und Peperoni, was so unschuldig wie Zucker aussieht, ist weisses Salz, mit dem das Ganze überpudert ist.

Es gibt wohl auch Hühner, sie bestehen jedoch nur aus Haut und Knochen. Zweifellos hätte in Valldemossa jedes Korn zu ihrem Mästen einen Real gekostet. Und der Fisch, den man uns brachte, war genauso mager und trocken wie die Hühner.

Eines Tages kauften wir einen grossen Tintenfisch um des Vergnügens willen, ihn genauer zu untersuchen. Ich habe nie so ein grausiges Tier gesehen. Sein Körper war gross wie der eines Truthahnes, seine Augen dick wie Orangen und seine schlaffen, scheusslichen Arme waren ausgestreckt vier oder fünf Fuss lang. Die Fischer versicherten uns, dies sei ein ganz besonderer Leckerbissen. Sein Aussehen stiess uns so sehr ab, dass wir ihn Maria Antonia verehrten, die ihn zubereitete und mit Freuden genoss.

Hatten die guten Leute unsere Verwunderung über den Tintenfisch belächelt, so war es einige Tage später damit an uns. Als wir den Berg herunterkamen, sahen wir die Bauern ihre Arbeit liegenlassen und auf einige Leute zustürzen, die auf dem Weg standen und in einem Korb ein Paar bewundernswert aussergewöhnlicher, wunderbarer, rätselhafter Vögel trugen. Dieses unbekannte Federvieh hatte die gesamte Bergbevölkerung in Aufregung versetzt. "Was fressen denn die?" fragten sie sich beim Betrachten. "Vielleicht fressen die gar nichts!" lautete die Antwort. "Leben die auf der Erde oder auf dem Wasser?" "Wahrscheinlich leben die immer in der Luft." Die öffentliche Bewunderung hatte die beiden Vögel schon fast erstickt, als wir feststellten, dass es weder Kondore, noch Phönixe oder Greife, sondern zwei schöne Zuchtgänse waren, die ein reicher Herr einem seiner Freunde als Geschenk sandte.

Auf Mallorca gibt es ebenso wie in Venedig ein reiches Angebot ausgezeichneter Süssweine. Als Tischwein tranken wir einen Muskateller, der ebenso gut und preisgünstig war wie der zypriotische, der an der adriatischen Küste getrunken wird. Doch die Rotweine, deren Herstellung eine wirkliche, den Mallorquinern unbekannte Kunst ist, sind schwer, dunkeltonig, brennen und enthalten sehr viel Alkohol. Ausserdem kosten sie viel mehr als unser einfacher Tischwein aus Frankreich. Alle diese gehaltvollen und berauschenden Weine waren für unseren Kranken und selbst für uns so schädlich, dass wir fast immer das exzellente Wasser tranken. Möglicherweise verdankten wir der Reinheit dieses Quellwassers etwas, was wir recht bald bemerkten. Unsere Zähne wurden so weiss, wie es alle Künste der Pariser Kosmetik bei aller Mühe an ihren besten Kunden nicht zustande bringen. Vielleicht lag es aber auch an unserer übertriebenen Mässigkeit.

Butter hatten wir nicht, und das Fett und das Übelkeit erregende Öl, die mehr verbrennende als garende Zubereitungsart der einheimischen Küche ertrugen wir nicht. So lebten wir von sehr magerem Fleisch, Fisch und Gemüse, wobei das Quellwasser als Sauce diente, der wir manchmal als besondere Leckerei den Saft einer grünen Orange beifügten, die wir frisch in unserem Garten gepflückt hatten. Die wunderbaren Desserts entschädigten uns dafür: süsse Kartoffeln aus Malaga, kandierter Kürbis aus Valencia und Weintrauben, die Kanaans würdig waren. Diese weisse oder rosa Traube ist länglich und hat eine etwas festere Haut, die eine Lagerung über längere Zeit ermöglicht. Sie sind köstlich, und man kann davon essen soviel man will, ohne wie bei unseren ein Völlegefühl im Magen zu haben. Unsere Trauben von Fontainebleau sind saftig-wässrig und erfrischend; die von Mallorca zuckersüss und fleischig. Die eine ist zum Essen, die andere zum Trinken. Diese Trauben, von denen manche 20 bis 25 Pfund wiegen, hätten einen Maler hingerissen. Sie waren in knappen Zeiten unsere Rettung vor der Hungersnot. Die Bauern glaubten, uns mit dem vierfachen Preis teuer dafür zahlen zu lassen, wussten jedoch nicht, dass sie, verglichen mit unseren, immer noch praktisch umsonst waren. So hatten wir den Spass, uns gegenseitig übereinander lustig zu machen. Was jedoch die Kaktusfeigen anging, gab es keine Diskussion: Das ist die wohl abscheulichste Frucht, die ich kenne.

Hätten diese frugalen Lebensbedingungen nicht, wie ich schon sagte, bei einem von uns so schädliche und sogar verhängnisvolle Wirkung gehabt, hätten wir anderen es sehr akzeptabel gefunden. Es war uns sogar auf Mallorca, sogar in einer verlassenen Kartause, selbst im ständigen Kampf mit den durchtriebensten Bauern der Welt, gelungen, uns ein gewisses Wohlbehagen zu schaffen. Wir hatten Fensterscheiben, Türen und sogar einen in seiner Art einzigartigen Zimmerofen, für dessen Anfertigung der beste Schmied Palmas einen Monat gebraucht und der uns 100 Francs gekostet hatte. Es war nur ein schlichter Eisenzylinder mit einem zum Fenster hinausragenden Abzugsrohr. Man brauchte gut eine Stunde, um ihn in Gang zu bringen und kaum brannte er, wurde er rotglühend. Zunächst mussten die Türen lange genug offenstehen, damit der Qualm abziehen konnte, dann musste man sie fast sofort wieder aufmachen, weil die Hitze zu gross wurde. Ausserdem hatte der sogenannte Ofensetzer das Innere mit einem Material abgedichtet, mit dem die Inder ihre Häuser und auch sich selbst aus Frömmigkeit beschmieren, da die Kuh bei ihnen bekanntlich hohes Ansehen als heiliges Tier geniesst. So sehr dieser heilige Geruch die Seele auch läutern mag, ich bezeuge, dass er im Ofen wenig erfreulich riecht. In dem Monat, den diese Abdichtung zum Trocknen benötigte, glaubten wir uns in einem der Höllenkreise, die Dante den Speichelleckern zugeordnet hat.

Ich habe vergebens in meiner Erinnerung nach einem derartigen Fehler geforscht, mit dem ich eine solche Strafe verdiente, vor welchen Mächtigen ich gekrochen wäre, welchen Papst oder welchen König ich mit meinen Schmeicheleien in seinem Irrtum ermutigt hätte. Ich hatte nicht einmal einen Büroboten oder einen Amtsdiener auf dem Gewissen und nicht einmal einem Polizisten oder einem Journalisten eine Reverenz erwiesen!

Glücklicherweise verkaufte uns der Kartäuserapotheker hervorragendes Benzoeharz, ein Restbestand der Duftstoffe, mit denen man früher in der Klosterkirche das Gottesbildnis beweihräucherte. Dieser himmlische Duft bekämpfte in unserer Zelle siegreich die Ausdünstungen des achten Kreises der Hölle.

Unser Mobiliar war wunderbar: tadellose Gurtbetten, nicht zu weiche Matratzen, zwar teurer als in Paris, aber dafür neu und sauber, und hervorragende, grosse wattierte Steppdecken, wie sie die Juden in Palma recht preiswert verkaufen. Eine auf der Insel lebende französische Dame war so freundlich gewesen, uns einige Pfund Federn zu überlassen, die sie sich aus Marseille hatte kommen lassen und mit denen wir zwei Kopfkissen für unseren Kranken stopfen konnten. Wahrlich ein grosser Luxus in einem Land, in dem Gänse als phantastische Wesen angesehen werden und in dem es die Hühner selbst dann noch juckt, wenn sie vom Spiess kommen.

Wir besassen einige Tische, mehrere Stühle mit Strohsitzen wie man sie in unseren Bauernkaten sieht, und ein betörendes Sofa aus weissem Holz, dazu Leinenkissen gefüllt mit Wolle. Der sehr unebene und staubige Boden war mit valenzianischen Matten aus langem Stroh ausgelegt, die einem in der Sonne ausgeblichenen Rasen ähneln, und mit feinen langhaarigen Schaffellen, die man dort sehr schön weiss zu präparieren versteht.

Wie in Afrika und im Orient gibt es in den alten mallorquinischen Häusern keine Schränke und schon gar nicht in den Zellen der Kartause. Man stopft hier seine Habseligkeiten in grosse Holztruhen. Unsere Koffer aus hellem Leder konnten da schon als sehr elegante Möbel durchgehen. Ein grosses buntkariertes Plaid, das uns auf der Reise als Fusswärmer gedient hatte, verwandelte sich in eine prächtige Portiere vor dem Alkoven, und mein Sohn schmückte den Ofen mit einem reizenden Tonkrug aus Felanitx, der in Form und Bemalung rein arabischer Stil ist.

Felanitx ist ein Dorf auf Mallorca, dessen hübsche Töpferwaren es verdienten, in ganz Europa vertrieben zu werden. Sie sind so leicht wie Kork, und ihre feine Körnung lässt glauben, dass dieser Ton ein kostbares Material ist. Man stellt daraus kleine Krüge in exquisiter Form her. Wenn man sie als Karaffen benutzt, halten sie das Wasser erstaunlich frisch. Dieser Ton ist so porös, dass das Wasser durch die Wände des Gefässes verdunstet, und in weniger als einem halben Tag ist es leer. Ich habe nun gar keine physikalischen Kenntnisse und vielleicht ist meine Bemerkung mehr als albern; mir jedenfalls erschien es wunderbar, und ich fand mein Tongefäss immer wieder bezaubernd. Wir stellten es mit Wasser gefüllt auf den Ofen, dessen Eisenplatte fast immer rotglühend war. Manches Mal, wenn das Wasser durch die Poren des Gefässes verdunstet war, blieb es trocken auf der glühenden Platte stehen, zerbrach jedoch nicht. Solange es noch einen Tropfen Wasser enthielt, war es eiskalt, obwohl die Hitze des Ofens das daraufgelegte Holz schwärzte.

Dieses hübsche Gefäss, umschlungen von einer Efeugirlande von der Aussenmauer, war dem Künstleraugeeingrösserer Genuss als alle Vergoldungen unseres modernen Sèvresporzellans. Das Pleyel-Klavier, das wir den Händen der Zöllner nach dreiwöchigen Verhandlungen gegen eine Gebühr von 400 Francs entrissen hatten, erfüllte das hohe, hallende Gewölbe der Zelle mit einem herrlichen Klang. Schliesslich hatte sich der Küster bereit erklärt, uns einen schön geschnitzten grossen gotischen Stuhl aus Eiche hereinzustellen, den die Ratten und die Würmer in der alten Kapelle der Kartause nur annagten. Seine Lade diente uns als Bibliothek, während abends bei Lampenlicht seine leicht gezackten Ränder und die langen dünnen Streben ihre Schatten als schwarzes Spitzenmuster und Türmchen auf die Wand warfen, so dass die Zelle wieder ihren antiken und klösterlichen Zauber erhielt.

Señor Gomez, der uns sein Haus Son Vent heimlich vermietet hatte, da es als nicht schicklich galt, dass ein reicher Bürger Mallorcas mit seinem Besitz Geld verdiente, hatte uns eine Szene gemacht und mit einem Prozess gedroht, wenn wir nicht für die bei ihm zerbrochenen irdenen Teller aufkämen: Er liess uns für die Teller zahlen wie für chinesisches Porzellan. Ausserdem liess er uns (immer mit Drohungen verbunden) das Weisseln und Ausbessern seines ganzen Hauses wegen der vorhandenen Anstekkungsgefahr mit Katarrh bezahlen. Manchmal ist Schlechtes zu etwas gut, denn er wollte uns schleunigst die ganze Hauswäsche, die er uns geliehen hatte, verkaufen. Obwohl er alles nicht schnell genug loswerden konnte, was wir berührt hatten, feilschte er so lange, bis wir ihm seine alte Wäsche für den Neupreis abgekauft hatten. Ihm ist es zu verdanken, dass wir nicht gezwungen waren, Flachs zu säen, um eines Tages Bettlaken und Tischtücher zu haben, wie jener italienische Edelmann, der seinen Pagen Hemden versprach.

Man soll mich nicht für naiv halten, weil ich von diesen Unannehmlichkeiten berichte, für die ich bestimmt keinen Groll mehr hege und die meine Börse verschmerzt hat. Es lässt sich aber kaum bestreiten, dass das Interessanteste in einem fremden Land das Beobachten der Menschen ist. Ich muss sagen, dass ich bei jeder noch so kleinen finanziellen Transaktion mit den Mallorquinern auf unverschämte Unehrlichkeit und gemeine Habgier gestossen bin. Dem muss ich hinzufügen, dass sie mit ihrer Frömmigkeit prahlten und vorgaben, unsere Ungläubigkeit empöre sie. Dann wird man mir zustimmen, dass die von gewissen Konservativen heutzutage gerühmte Gläubigkeit der einfachen Seelen nicht immer so erbaulich und moralisch ist und dass man sich eine andere Art wünschen könnte, Gott zu begreifen und zu ehren. Was hat man mir mit diesen Gemeinplätzen in den Ohren gelegen: dass es gefährlich und ein Verbrechen sei, selbst gegen einen falschen und verfälschten Glauben anzugehen, weil man nichts an seine Stelle zu setzen habe; dass einzig die Menschen, die noch nicht vom Gift der philosophischen Forschung und des revolutionären Wahnsinns angesteckt seien, moralisch, gastfreundlich, aufrichtig seien; dass bei ihnen noch Romantik, Grösse und die antiken Tugenden zu finden seien, etc, etc.! ...

Diese ernsten Vorhaltungen, gebe ich zu, habe ich auf Mallorca belächelt. Wenn ich sah, wie meine kleinen Kinder, die mit dem Abscheu vor einer Philosophie der Trostlosigkeit erzogen waren, freudig einem kranken Freund dienten und halfen, sie ganz allein unter 160.000 Mallorquinern, die sich mit unmenschlicher Härte und feigem Entsetzen von einer als ansteckend geltenden Krankheit abgewandt hatten, dann sagte ich mir, dass diese kleinen Schlingel mehr Verstand und Barmherzigkeit zeigten als diese ganze Bevölkerung von Heiligen und Aposteln.

Diese ach so frommen Diener Gottes versäumten nicht, mir zu sagen, ich beginge ein grosses Verbrechen, indem ich meine Kinder der Ansteckung aussetzte, der Himmel werde ihnen zur Strafe für meine Verblendung die gleiche Krankheit schicken. Meine Antwort darauf war, dass sich in meiner Familie, selbst wenn einer von uns die Pest hätte, keiner von seinem Bett fernhalten lassen würde; dass es in Frankreich üblich sei, vor wie nach der Revolution, sich um die Kranken zu kümmern; dass spanische Gefangene mit den bösartigsten Krankheiten behaftet unser Land während der napoleonischen Kriege durchquert hätten und unsere Bauern nicht nur Kochgeschirr und Wäsche mit ihnen geteilt, sondern ihnen ihr Bett abgetreten hätten, bei ihnen geblieben wären, um sie zu pflegen, dass viele Opfer ihres Edelmutes geworden und der Ansteckung erlegen seien. Das habe die Überlebenden nicht davon abgehalten, weiterhin gastfreundlich und barmherzig zu sein. Der Mallorquiner schüttelte den Kopf und lächelte mitleidig. Die Vorstellung von Opferbereitschaft für einen Unbekannten ging ebenso wenig in seinen Kopf wie der Begriff der Rechtschaffenheit oder gar der Verpflichtung einem Fremden gegenüber.

Alle Reisenden, die das Inselinnere besucht haben, waren indessen sehr angetan von der Gastfreundschaft und Uneigennützigkeit des mallorquinischen Bauern. Voller Bewunderung haben sie berichtet, dass es zwar keine Herberge hier gäbe, die Reise durchs Land aber leicht und angenehm sei, da man auf eine einfache Empfehlung hin herzlich empfangen und kostenlos beherbergt und bewirtet werde. Diese einfache Empfehlung ist sehr wichtig. Diese Reisenden haben nämlich zu erwähnen vergessen, dass die mallorquinische Bevölkerung durch alle Klassen hindurch eine Interessengemeinschaft bildet, die untereinander gute und ungezwungene Beziehungen pflegt, in die nicht umsonst religiöse Barmherzigkeit und menschliches Mitgefühl einfliessen. Diese finanzielle Situation lässt sich in wenigen Worten erklären.

Die Adligen besitzen viel Grund und Boden, haben aber kaum ein Einkommen und sind durch die Kredite völlig ruiniert. Die zahlreichen Juden besitzen viel Bargeld und haben sozusagen den Grund und

Boden der Cavallers in ihrem Portefeuille, wodurch die Insel de facto ihnen gehört. Den Edelleuten obliegt es als adeligen Repräsentanten lediglich, sich untereinander sowie den wenigen auf die Insel kommenden Ausländern, die Honneurs auf ihren Besitzungen und in ihren Palästen zu machen. Damit sie diesen ehrenvollen Aufgaben würdig nachkommen können, nehmen sie alljährlich Zuflucht zur Börse der Juden - ein wachsender Schneeball. Wie schon erwähnt, ist ein Einkommen aus den Ländereien wegen mangelnder Absatzmärkte und nicht vorhandener Industrie zum Erliegen gebracht. Nach ihrem Ehrenkodex leben die armen Cavallers langsam und friedlich ihrem Ruin entgegen, ohne dabei auf den standesgemässen Luxus zu verzichten, was heisst, auf die armselige "Verschwendung" des Besitzes ihrer Ahnherren. Die Geldgeber halten also beständig Kontakt zu den Landwirten, von denen sie einen Teil der Pachtgelder als Zinsen aufgrund der ihnen von den Adligen übertragenen Rechtstitel einziehen.

Also zahlt der Bauer, der vielleicht bei dieser Aufteilung auf seine Rechnung kommt, seinem Herrn so wenig wie möglich und dem Bankier soviel er kann. Der Herr ist resigniert in seiner Abhängigkeit - der Jude unerbittlich, aber geduldig. Er macht Konzessionen, ist tolerant, gibt Zeit, denn er verfolgt sein Ziel mit teuflischem Geschick: Hat er erst einmal die Hand auf einen Besitz gelegt, muss er ihn ganz besitzen, und er arbeitet darauf hin, sich unentbehrlich zu machen, bis die Schuld den Wert des Kapitals erreicht hat. In 20 Jahren wird es so keine Grundherrschaft mehr auf Mallorca geben. Die Juden könnten dort eine Machtstellung wie bei uns aufbauen, auch wenn sie jetzt noch den Kopf beugen und scheinheilig demütig sind unter der schlecht verhüllten Verachtung der Adligen und der kindischen und ohnmächtigen Furcht des Volkes. Sie warten in aller Ruhe ab, sind sie doch die wahren Herren der Ländereien, und der Bauer zittert vor ihnen. Schmerzlich bewegt wendet er sich wieder seinem alten Herrn zu und rafft unter Tränen der Rührung die kümmerlichen Reste seines Vermögens an sich. Ihm liegt nur daran, beide Mächte zufrieden zustellen und in allem gefällig zu sein, damit er nicht zwischen ihnen zerquetscht wird.

Hat man also eine Empfehlung von einem Adligen oder von einem reichen Herren (von wem sonst, da es ja keine Mittelklasse gibt?), öffnet sich sofort die Tür des Bauern. Bittet man jedoch ohne diese Empfehlung um ein Glas Wasser, wird man sich umschauen!

Dessenungeachtet ist der mallorquinische Bauer sanft und gutmütig, friedlich, eine ruhige und geduldige Natur. Er liebt das Böse nicht, er kennt auch das Gute nicht. Er beichtet, er betet, er träumt unaufhörlich davon, sich das Paradies zu verdienen; doch die wahren menschlichen Pflichten kennt er nicht. Er ist nicht hassenswerter als ein Ochse oder ein Schaf, denn er ist kaum mehr Mensch als die unschuldig in dem Tier schlummernden Wesen. Er spricht seine Gebete, er ist abergläubisch wie ein Heide; aber er würde seinesgleichen bedenkenlos verspeisen, wäre es Landesbrauch und gäbe es keine Schweine. Er betrügt, erpresst, lügt, beleidigt und plündert ohne Gewissensbisse. Ein Fremder ist für ihn kein Mensch. Seinem Landsmann raubte er nicht eine Olive; die Menschen jenseits des Meeres aber existierten nach göttlichem Ratschluss nur, um den Mallorquinern kleine Gewinne einzubringen.

Wir hatten Mallorca den Spitznamen Affeninsel gegeben, weil wir uns umgeben von diesen hinterlistigen, plündernden und dennoch unschuldigen Tieren daran gewöhnt hatten, uns vor ihnen in acht zu nehmen, ohne ihnen mehr zu grollen oder uns über sie zu ärgern als die Inder über den schalkhaften und scheuen Orang-Utan.

Indessen gewöhnt man sich nur mit Bedauern daran, Kreaturen in menschlicher Gestalt und mit dem göttlichen Siegel gezeichnet, auf einer Ebene dahinvegetieren zu sehen, die dem heutigen Menschen so gar nicht entspricht. Zwar spürt man, dass dieses unvollkommene Wesen ein gewisses Verständnis besitzt, dass seine Art entwicklungsfähig ist, dass seine Zukunft die gleiche sein wird wie die der höher entwickelten Menschen, was nur eine Frage der Zeit ist, die lang in unseren Augen und unendlich klein im Abgrund der Ewigkeit ist. Aber je mehr man diese Vervollkommnungsfähigkeit erkennt, desto stärker leidet man darunter, dass sie in den Ketten der Vergangenheit hängt. Diese Zeit des Stillstands, die die Vorsehung kaum berührt, ängstigt und betrübt in unserer nur einen Tag dauernden Existenz. Wir fühlen im Herzen, im Geist und im Bauch, dass unser Leben mit dem aller anderen verknüpft ist, dass wir nicht darauf verzichten können, zu lieben und geliebt zu werden, zu verstehen und verstanden zu werden, beizustehen und Beistand zu erhalten. Das Gefühl intellektueller und moralischer Überlegenheit über andere erfüllt nur den Hochmütigen mit Stolz. In meiner Vorstellung sollten alle grossherzigen Menschen nicht herabsteigen, um sich anzupassen, sondern mit einem Wimpernschlag alle ihnen Unterlegenen zu sich heraufziehen, um endlich das wahre Leben der Sympathie, des Austauschs, der Gleichheit und Gemeinschaft zu führen, das das religiöse Ideal des menschlichen Bewusstseins ist.

Ich bin sicher, dass dieses Bedürfnis im Grunde jedes Herzens vorhanden ist und dass diejenigen, die dagegen angehen und mit Trugschlüssen zu ersticken versuchen, dadurch ein seltsames Gefühl bitteren Leides empfinden, das sie nicht benennen können. Die Menschen der unteren Klasse verbrauchen sich oder verlöschen, wenn sie nicht aufsteigen können; die in der oberen Klasse entrüsten und grämen sich, wenn sie ihnen vergeblich die Hand reichen; und die, die niemandem helfen wollen, sind zerrissen von Langeweile und Furcht vor der Einsamkeit, bis sie in einen verblödeten Zustand verfallen, der sie noch unter die Niedrigsten absinken lässt.

VIERTES KAPITEL

Wir waren also sehr allein in Mallorca, so allein, als lebten wir in einer Wüste. Wenn wir unser tägliches Brot im Krieg mit den Affen erobert hatten, setzten wir uns zusammen um den Ofen und amüsierten uns darüber. Doch je weiter der Winter fortschritt, desto mehr lähmte Traurigkeit meine Bemühungen um Fröhlichkeit und Heiterkeit. Auch der Zustand unseres Kranken verschlimmerte sich zusehends. Der Wind heulte in der Schlucht, der Regen prasselte gegen die Fenster, das Grollen des Donners drang durch die dicken Mauern und platzte mit einer düsteren Note mitten in das Lachen und die Spiele der Kinder. Kühn geworden durch den Nebel, stiessen die Adler und Geier herab und verschlangen unsere armen Sperlinge auf dem Granatapfelbaum vor meinem Fenster. Das tobende Meer hinderte die Boote, aus den Häfen auszulaufen. Wir fühlten uns wie Gefangene, weit weg von jeder verständnisvollen Hilfe und jedem tatkräftigen Mitgefühl. Der Tod schien über unseren Köpfen zu schweben, um einen von uns zu ergreifen, und wir waren allein, ihm seine Beute streitig zu machen.

Stattdessen wollte ihn jedes menschliche Wesen im Umkreis schleunigst ins Grab befördern, um dieser vorgeblichen Gefahr in der Nachbarschaft schneller ein Ende zu machen. Dieses feindselige Denken war erschreckend deprimierend. Wir fühlten uns stark genug, einander die Pflege und Zuneigung, die Unterstützung und das Mitgefühl, die uns verweigert wurden, zu ersetzen. Ich glaube sogar, dass solche Liebesdienste das Herz weiten und die Liebe über sich hinauswächst, wenn sie all die starke Kraft aus dem Gefühl der menschlichen Solidarität schöpft. Aber wir litten im Inneren, dass wir uns unter Menschen ohne Gespür für dieses Gefühl und weit entfernt von jeglichem Mitgefühl befanden. Wir hingegen hegten für sie ein schmerzliches Mitleid.

Dazu machte mir meine Hilflosigkeit schwer zu schaffen. Ich habe keine wissenschaftlichen Grundkenntnisse irgendwelcher Art. Ich hätte Arzt sein müssen, ein grosser Arzt, um die Krankheit zu behandeln, für die die ganze Verantwortung mein Herz belastete.

Der Arzt, der uns besuchte und dessen Eifer und Begabung ich nicht anzweifele, irrte sich, wie alle Mediziner, selbst die berühmtesten, sich irren können. Nach eigenem Eingeständnis hat sich jeder ehrliche Wissenschaftler schon oft geirrt. Die Bronchitis war nun von einer Nervenentzündung abgelöst worden, die einige Symptome von Schwindsucht mit Kehlkopfentzündung hervorrief.

Der Arzt, der bei seinen Besuche diese Symptome gesehen hatte, jedoch nichts von den gegenteiligen

Symptomen, die ich zu anderer Zeit beobachtete, hatte sich für die Therapie bei Schwindsucht ausgesprochen: Aderlass, Schonkost und Milchprodukte. Alle diese Dinge waren absolut abträglich, und der Aderlass wäre sogar tödlich gewesen. Der Kranke spürte das instinktiv und ich, ohne medizinische Kenntnisse, doch mit viel Erfahrung in der Krankenpflege, hatte dieselbe Vorahnung. Ich hatte Angst, meinem Gefühl folgend mich gegen die Anordnungen eines Fachmannes zu stellen. Als ich sah, wie die Krankheit sich verschlimmerte, stand ich echte Ängste aus, wie jeder verstehen wird. Ein Aderlass wird ihn retten, sagte man mir, und wenn Ihr Euch dem widersetzt, wird er sterben. Doch eine innere Stimme sagte mir bis in den Schlaf hinein: ein Aderlass wird ihn töten und wenn du ihn davor bewahrst, wird er nicht sterben. Sicherlich war das die Stimme der Vorsehung und heute, da unser Freund, der Schrecken der Mallorquiner, anerkanntermassen ebensowenig schwindsüchtig ist wie ich, danke ich dem Himmel, dass er mir das intuitive Vertrauen schenkte, das uns rettete.

Die Diät nun schadete ihm sehr. Sobald wir die schlechten Auswirkungen erkannten, hielten wir uns so wenig wie möglich daran, aber leider gab es nur die Wahl zwischen der scharf gewürzten Landeskost und den frugalsten Gerichten. Die Milch, deren gefährliche Auswirkungen wir später feststellten, war zum Glück auf Mallorca kaum vorhanden und richtete keinen Schaden an. Zunächst glaubten wir noch, dass die Milch Wunder vollbringen könne und bemühten uns mit aller Kraft darum, welche zu bekommen. In diesen Bergen gab es keine Kühe und die Ziegenmilch, die man uns verkaufte, wurde auf dem Weg immer von den Kindern getrunken, die den Krug brachten, der aber voller bei uns ankam als er ursprünglich war. Das war ein Wunder, das den frommen Boten jeden Morgen geschah, wenn sie ihr Gebet in der Kartause beim Brunnen verrichteten. Um diesem Wunder ein Ende zu machen, besorgten wir uns eine Ziege. Sie war das sanfteste und liebenswerteste Geschöpf der Welt, eine hübsche kleine afrikanische Ziege, kurzhaarig, gelblichbraun, ohne Hörner, mit stark gebogener Nase und Hängeohren. Diese Tiere sind ganz anders als unsere. Sie haben das Haarkleid eines Rehs und das Profil eines Schafes; aber sie haben nicht den schelmischen und verschmitzten Gesichtsausdruck unserer fröhlichen Zicklein. Sie scheinen im Gegenteil recht melancholisch zu sein. Diese Ziegen unterscheidet von unseren auch, dass sie sehr kleine Euter haben und sehr wenig Milch geben. Wenn sie ausgewachsen sind, schmeckt ihre Milch streng und wild, und die Mallorquiner machen viel davon her, doch kam sie uns ungeniessbar vor.

Unsere Freundin in der Kartause hatte gerade ihre ersten Mutterschaft hinter sich. Sie war noch keine zwei Jahre alt und ihre Milch war sehr lecker. Sie geizte damit, vor allem nach der Trennung von der Herde, mit der sie sonst zwar nicht lustig herumsprang (dafür war sie zu ernsthaft, zu mallorquinisch), aber daran gewöhnt war, auf den Bergen zu träumen, verfiel sie in eine Schwermut, der unseren nicht unähnlich. Unser Rasen bot recht saftige

Gräser und schon von den Kartäusern angebaute aromatische Pflanzen wuchsen noch entlang der Bewässerungsrinnen, doch nichts tröstete sie über ihre Gefangenschaft hinweg. Sie irrte verstört und traurig durch die Klostergänge und meckerte zum Steinerweichen. Wir gaben ihr ein dickes Mutterschaf mit dichter, langer weisser Wolle zur Gesellschaft, eines jener Schafe, die man bei uns nur in den Auslagen der Spielzeughändler oder auf den bemalten Fächern unserer Grossmütter sieht. Diese vortreffliche Gesellschaft beruhigte sie etwas, und sie gab eine recht sahnige Milch. Obwohl gut genährt, lieferten beide zusammen so wenig Milch, dass wir bei den häufigen Besuchen, die Maria Antonia, die *niña* und Catalina unseren Haustieren abstatteten, misstrauisch wurden. Wir brachten sie in einem kleinen Hof am Fusse des Glockenturms hinter Schloss und Riegel und übernahmen das Melken selbst. Die sehr leichte Milch ergab ein ganz angenehmes und gesundes Getränk, wenn sie mit Mandelmilch, die meine Kinder und ich abwechselnd pressten, gemischt wurde. Etwas anderes war kaum zu finden. Alle Mittelchen aus Palma waren inakzeptabel in ihrer Unsauberkeit. Der vom spanischen Festland importierte, schlecht raffinierte Zucker, ist von dunkler Farbe, ölig und wirkt wie ein Abführmittel bei denjenigen, die nicht daran gewöhnt sind.

Eines Tages glaubten wir uns gerettet, als wir im Garten eines reichen Bauern Veilchen entdeckten. Wir durften sie sammeln, um einen Aufguss zuzubereiten. Als wir einen kleinen Strauss beisammen hatten, liess er uns einen Sou pro Veilchen zahlen: einen mallorquinischen Sou, was drei französischen Sous entspricht!

Zu diesen häuslichen Pflichten kam hinzu, dass wir unsere Zimmer und die Betten selber zu machen hatten, wenn wir nachts schlafen wollten. Das mallorquinische Hausmädchen konnte nichts berühren, ohne uns dieselben Viecher in unzumutbarer Fülle zu hinterlassen, über die sich meine Kinder so amüsiert hatten, als sie auf dem Rücken des gebratenen Hähnchens herumgetanzt waren. Es blieben uns nur einige Stunden zum Arbeiten und Spazierengehen, die jedoch gut genutzt wurden. Die Kinder passten im Unterricht gut auf, und hinterher brauchten wir nur die Nase aus unserem Schlupfwinkel stecken und befanden uns schon in einer abwechslungsreichen wunderbaren Landschaft. In dem weiten Bergpanorama bot sich bei jedem Schritt eine malerische Szene, eine kleine Kapelle auf einem schroffen Felsen, eine wie zufällig hingeworfene Rhododendrongruppe an einem rissigen Hang, eine Einsiedelei neben einer von grossen Binsen umgebenen Quelle, eine Baumgruppe auf riesigen, moosbedeckten und efeubestickten Felsbrocken. Wenn die Sonne ausnahmsweise einmal schien, schimmerten alle vom Regen benetzten Pflanzen, Steine und die Erde in leuchtenden Farben und unglaublicher Frische.

Vor allem zwei Spaziergänge, die wir machten, waren erzählenswert. Die Erinnerung an den ersten ist etwas getrübt, obwohl er herrliche Aussichten bot. Aber unser Kranker, dem es zu Beginn unseres Aufenthaltes auf Mallorca gut ging, wollte uns begleiten.

Danach blieb ihm eine starke Mattigkeit, die zum Ausbruch seiner Krankheit führte.

Unser Ziel war eine Einsiedelei an der Küste, etwa drei Meilen von der Kartause entfernt. Wir folgten dem rechten Ausläufer der Bergkette und wanderten hügelauf, hügelab über einen für die Füsse schmerzhaft steinigen Weg bis zur Nordseite der Insel. An jeder Wegbiegung bot uns das Meer tief unten über herrliche Vegetation hinweg ein grandioses Schauspiel. Hier erblickte ich erstmalig fruchtbare Ufer, an denen die Bäume und das Grün bis hin zur ersten Welle wuchsen, ohne fahle Klippen, ohne triste Strände und Schlickstreifen dazwischen. An allen Küsten Frankreichs, selbst auf der Höhe von Port Vendres, wo ich es endlich vor mir in seiner Schönheit auftauchte, war mir das Meer immer schmutzig vorgekommen und lud nicht zum Bade ein. Selbst der so gepriesene Lido von Venedig ist nur ein schrecklich nackter Sandstrand, noch dazu bevölkert von riesigen Eidechsen. Bei jedem Schritt flitzen Tausende und scheinen einen wie in einem schlechten Traum in immer grösserer Zahl zu verfolgen. In Royant, in Marseille, wie nahezu an allen unseren Küsten wird einem der Zugang zum Meer von einem Ring schmieriger Algen und kahlem Sand verleidet. Auf Mallorca erblickte ich es endlich so wie ich es mir erträumt hatte, klar und blau wie der Himmel, sacht gewellt wie eine Ebene aus Saphiren, in regelmässiger Dünung, deren Bewegung von hoch oben gesehen kaum wahrnehmbar ist und umgeben vom dunklen Grün der Wälder. Bei jedem Schritt auf dem kurvenreichen Bergpfad eröffnete sich uns ein anderer Ausblick, einer immer erhabener als der vorherige. Nichtsdestotrotz, als wir weit zur Einsiedelei hinabsteigen mussten, fand ich die Küste zwar sehr schön, aber nicht so überwältigend wie an einer anderen Stelle der Küste, an der ich einige Monate später war.

Die vier oder fünf Eremiten, die dort lebten, waren nicht im geringsten poetisch. Ihre Unterkunft ist ebenso armselig und rauh wie es ihr Stand verlangt. Von ihrem terrassierten Garten, den sie bei unserer Ankunft gerade umgruben, dehnt sich vor ihren Augen nur die grosse Einsamkeit des Meeres. Sie machten auf uns einen sehr einfältigen Eindruck. Sie trugen keinerlei kirchliche Tracht. Der Superior liess seinen Spaten liegen und kam in seinem dicken hellbraunen Wams auf uns zu; seine kurzen Haare und der schmutzige Bart hatten nichts Malerisches.

Er erzählte uns von der strengen Einfachheit seines Lebens und vor allem von der unerträglichen Kälte, die an dieser Küste herrschte. Als wir ihn jedoch fragten, ob es hier manchmal fröre, konnten wir ihm gar nicht begreiflich machen, was Frost ist. Er kannte das Wort in keiner Sprache und hatte nie von Ländern gehört, die kälter als die Insel Mallorca sind. Indessen hatte er eine gewisse Vorstellung von Frankreich, weil er die Flotte 1830 auf dem Weg zur Eroberung Algiers hatte vorbeifahren sehen; das war das schönste, erstaunlichste, man kann sagen, das einzige Erlebnis seines Lebens. Er fragte uns, ob es Frankreich gelungen sei, Algier einzunehmen. Als wir ihm berichteten, es habe gerade Constantine (Departement im Süden von Algerien) eingenommen, bekam er ganz grosse Augen und rief, die Franzosen seien ein grosses Volk.

Er brachte uns zu einer kleinen, sehr schmutzigen Zelle hinauf, in der wir den Ältesten der Eremiten antrafen. Wir dachten, er sei hundert Jahre alt, aber erfuhren zu unserer Überraschung, dass er erst achtzig sei. Dieser Mann war ganz und gar verblödet, wenngleich seine erdfarbenen zitternden Hände noch mechanisch Holzlöffel herstellten. Er schenkte uns keinerlei Aufmerksamkeit, obwohl er nicht taub war. Als der Superior ihn anrief, hob er seinen riesigen, wie aus Wachs modellierten Kopf, und zeigte uns ein in seiner Verblödung grauenerregendes Gesicht. Ein ganzes Leben geistiger Unterdrückung war in diesem zerfallenen Antlitz zu lesen. Ich musste eiligst die Augen von dem erschreckendsten und quälendsten Gesicht abwenden, dem ich je begegnete. Wir gaben ihnen ein Almosen, denn sie gehörten zu einem Bettlerorden. Sie werden noch immer sehr von den Bauern verehrt, die es ihnen an nichts fehlen lassen.

Auf dem Rückweg zur Kartause packte uns ein heftiger Sturm, der uns mehrere Male umwarf und unseren Marsch so anstrengend machte, dass der Kranke danach ganz erschöpft war.

Den zweiten Spaziergang machten wir einige Tage, bevor wir Mallorca verliessen. Er hat mich so ergriffen, dass ich es mein Leben lang nicht vergessen werde. Nirgends sonst hat ein Naturschauspiel mich so nachhaltig beeindruckt, was mir, glaube ich, höchstens drei oder vier Mal im Leben geschehen ist.

Der Regen hatte endlich aufgehört und der Frühling war plötzlich gekommen. Es war im Februar; alle Mandelbäume standen in Blüte und die Wiesen füllten sich mit duftenden Narzissen. Ausser der Tönung des Himmels und den lebhaften Farbtönen der Landschaft waren die Blüten der einzige wahrnehmbare Unterschied zwischen den beiden Jahreszeiten, denn die Bäume dieser Gegend sind meist immergrün. Die Frühblüher sind keinem Frost ausgesetzt, das Gras bewahrt seine ganze Frische und die Blumen brauchen nur einen Morgen Sonne, um die Nase in den Wind zu stecken. Unseren Garten bedeckte noch eine Handbreit Schnee, da wiegte ein Wind schon die hübschen kleinen Rosen an unseren Laubenbogen Wenn auch ein wenig blass, schienen sie dennoch guter Dinge zu sein.

Eines Tages, nach einem Blick auf das Meer nach Norden von der Klosterpforte aus und als es unserem Kranken so gut ging, dass er zwei oder drei Stunden allein bleiben konnte, machten meine Kinder und ich uns schliesslich auf den Weg, um die nordwärts gelegene Küste zu erforschen. Bisher war ich nicht im geringsten neugierig darauf gewesen, obwohl meine Kinder, die wie die Gemsen herumflitzten, mir versicherten, dass das der schönste Ort der Welt sei. Sei es, dass der Besuch der Einsiedelei als Auslöser für unseren Schmerz, in mir einen recht tiefen Groll hinterlassen hatte, sei es, dass ich von der Ebene aus keinen ebenso schönen Meeresblick erwartete wie vom Berg aus, war ich noch nicht in Versuchung geraten, das kleine eingeschlossene Tal von Valldemossa zu verlassen.

Wie schon gesagt, teilt sich die Bergkette an der Stelle, wo sich die Kartause erhebt, und eine weite, leicht geneigte Ebene steigt zwischen den beiden Bergzügen bis zum Meer an. Jeden Tag hatte ich das Meer am Horizont oberhalb dieser Ebene gesehen und weder Auge noch Verstand hatten realisiert, dass die Ebene anstieg und plötzlich in geringer Entfernung endete. Ich stellte mir vor, dass sie sich in sanfter Neigung bis zum Meer absenkte und die Küste etwa fünf bis sechs Meilen entfernt läge. Ich kam nicht darauf, dass das Meer, das auf gleicher Höhe wie die Kartause zu sein schien, in Wirklichkeit zwei- bis dreitausend Fuss tiefer lag. Ich wunderte mich nur manchmal, dass es auf die von mir angenommene Entfernung so gut zu hören war. Ich hatte mir das nicht recht klargemacht, und so sollte ich mich auch nicht über die Kleinbürger von Paris lustig machen, wenn meine eigenen Vermutungen mehr als einfältig sind. Ich erkannte nicht, dass dieser Meereshorizont fünfzehn oder zwanzig Meilen von der Küste entfernt war, während das Meer eine halbe Wegstunde von der Kartause entfernt an die Insel schlug. Wenn also meine Kinder mich darum baten, mit ihnen den Meeresblick zu geniessen und behaupteten, dass es nur einige Schritte entfernt sei, nahm ich mir nie die Zeit. Ich glaubte nämlich, es handele sich um Kinderschritte, das heisst in Wirklichkeit Riesenschritte, denn bekanntlich laufen Kinder mit dem Kopf und denken nie an ihre Beine, wobei die Siebenmeilenstiefel des kleinen Däumlings ein Symbol dafür sind, dass das Kind um die Welt läuft, ohne es zu bemerken.

Schliesslich liess ich mich von ihnen mitziehen und war sicher, dass wir diese phantastischen fernen Gestade nie erreichen würden. Mein Sohn behauptete, den Weg zu kennen; da aber alles zum Weg wird, wenn man Siebenmeilenstiefel trägt, und ich seit langem nur noch mit Pantoffeln marschierte, hielt ich ihm entgegen, dass ich nicht über Gräben, Hecken und Sturzbäche springen könne wie er und seine Schwester. Eine Viertelstunde lang fiel mir auf, dass wir nicht zum Meer hinuntergingen, denn die Bäche sprangen uns entgegen und je weiter wir kamen, desto weiter schien das Meer am Horizont in der Tiefe zu versinken. Endlich glaubte ich, wir wanderten in die andere Richtung und entschloss mich, den ersten Bauern, den ich traf, zu fragen, ob auf diesem Wege auch das Meer zu erreichen sei.

Unter einer Gruppe von Weiden wühlten drei Hirtinnen, vielleicht drei verkleidete Feen, mit Schaufeln in einem morastigen Graben, um dort ich weiss nicht welchen Talisman oder Kram zu suchen. Die erste hatte nur einen Zahn, das war wahrscheinlich die Fee *Dentuda*, die mit diesem einzigen, schrecklichen Zahn ihre Hexentränklein im Topf umrührt. Die zweite Alte war allem Anschein nach *Carabosa*, eine geschworene Feindin aller orthopädischen Institute. Alle beide schnitten uns eine entsetzliche Grimasse. Die erste näherte ihren fürchterlichen Zahn meiner Tochter, deren jugendliche Frische ihren Appetit erregte. Die zweite schüttelte den Kopf und schwenkte ihre Krücke, um meinem Sohn, dessen gerade und schlanke Figur ihr ein Greuel war, das Kreuz zu brechen. Die dritte war jung und hübsch. Sie sprang behende auf den Grabenrand, warf ihren Umhang über die Schulter und winkte uns mit der Hand, ihr zu folgen. Das war sicherlich eine gute kleine Fee; aber unter ihrer Verkleidung als Bergbewohnerin nannte sie sich Périca de Pier-Bruno.

Périca war das freundlichste Geschöpf, dem ich auf Mallorca begegnet bin. Sie und meine Ziege waren die einzigen Lebewesen, denen ich in Valldemossa ein Plätzchen in meinem Herzen eingeräumt habe. Das kleine Mädchen war so schmutzig, dass die kleine Ziege an ihrer Stelle errötet wäre; aber nachdem sie eine Weile durch das feuchte Gras marschiert war, wurden ihre nackten Füsse zwar nicht wieder weiss, aber niedlich wie die einer Andalusierin. Mit ihrem hübschen Lächeln, ihrem zutraulichen, neugierigen Geplapper und ihrer uneigennützigen Gefälligkeit schien es uns, als hätten wir in ihr etwas Reines wie eine zarte Perle gefunden. Sie war sechzehn Jahre alt und hatte ein feingeschnittenes, ganz rundes Gesichtchen mit samtiger Pfirsichhaut. Sie besass die ebenmässige und ausgeglichene Schönheit griechischer Statuen, dabei war sie gertenschlank und ihre nackten Arme dunkelbraun gebrannt. Unter ihrem *rebozillo* aus grober Leinwand quoll ihre wirre, fliessende Mähne wie der Schwanz eines Stutfohlens hervor. Sie führte uns am Feldrain entlang, quer über eine Wiese mit Bäumen und eingefasst von grossen Felsbrocken. Vom Meer war nichts mehr zu sehen, was mich glauben machte, wir wanderten in die Berge und die schelmische Périca mache sich über uns lustig.

Doch am Ende der Wiese öffnete sie plötzlich ein kleines Gatter, und wir gelangten auf einen Pfad, der sich um einen dicken, wie ein Zuckerhut geformten Felsen wand. Wir umrundeten ihn und - wie durch Zauberei - befanden wir uns hoch über dem Meer, das in seiner ganzen unermesslichen Unendlichkeit vor uns lag. Uns zu Füssen erblickten wir das andere Ufer der Bucht in einer Meile Entfernung. Dieses unerwartete Schauspiel liess mich zunächst schwindlig werden, so dass ich mich setzen musste. Allmählich wurde ich ruhiger und so mutig, den Pfad weiter hinunter zu steigen, obwohl es eher ein Ziegenpfad zu sein schien, nicht gedacht für Menschenfüsse. Was ich sah, war so schön, dass meine Vorstellung mit einem Schlag zwar nicht Siebenmeilenstiefel trug, mir aber Flügel wie einer Schwalbe zu wachsen schienen.

Ich machte mich auf, um die grossen Kalksteinnadeln herum, die wie zehn Fuss hohe Riesen am Küstenrand standen. Dabei versuchte ich ständig, einen Blick auf den Grund der kleinen seichten Bucht zu erhaschen, die sich zu meiner Rechten auftat und in der die Fischerboote so klein wie Fliegen erschienen. Mit einem Mal sah ich vor mir und unter mir nichts mehr als das Meer in seiner Bläue. Der Pfad hatte sich irgendwohin geschlängelt.

Périca schrie über mir und meine Kinder, die mir auf allen vieren folgten, begannen, noch lauter zu schreien. Ich drehte mich um und sah meine Tochter in Tränen aufgelöst. Ich kehrte auf meiner Spur zurück, um zu sehen was los war. Doch dann wurde mir bewusst, dass meine Kinder nicht ohne Grund erschrocken und verzweifelt waren. Ein Schritt weiter und ich wäre wesentlich schneller unten angekommen als mir lieb sein konnte, es sei denn, ich hätte umgekehrt laufen können wie die Fliege an der Decke; denn die Felsen, auf die ich mich gewagt hatte, bildeten einen Überhang über der kleinen Bucht, denn der Inselsockel war tief ausgewaschen. Als ich die Gefahr erkannte, in die ich beinahe auch meine Kinder gebracht hätte, überfiel mich entsetzliche Angst und ich stieg schleunigst mit ihnen wieder hinauf. Als ich sie hinter einem der gigantischen Zuckerhüte in Sicherheit gebracht hatte, drängte es mich aufs neue, die Bucht unten und die Unterseite der Aushöhlung zu sehen.

Was ich da erahnte, hatte ich vergleichbar nie gesehen und meine Phantasie ging mit mir durch.

Also stieg ich über einen anderen Pfad ab, krallte mich an Brombeergestrüpp fest und klammerte mich an die Felsnadeln, von denen jede eine weitere Riesenstufe nach unten markierte. Endlich konnte ich undeutlich das riesige Maul der Aushöhlung erkennen, in das die Wellen in seltsamen Rhythmen brandeten. Ich weiss nicht, welche magischen Klänge ich zu hören oder welche unbekannte Welt ich zu entdecken glaubte, als mich mein Sohn, verschreckt und verärgert, heftig zurückriss. Die Wucht seines Griffes liess mich ganz prosaisch stürzen, nicht vornüber, was das Ende des Abenteuers und meiner selbst gewesen wäre, sondern auf die Kehrseite wie eine vernünftige Person. Das Kind machte mir so nett Vorhaltungen, dass ich auf mein Unterfangen verzichtete, doch das Bedauern darüber hat mich nicht verlassen, denn meine Pantoffeln werden jedes Jahr schwerer und die Flügel, die ich an jenem Tag hatte, werden wohl nicht wieder wachsen, um mich an ähnliche Gestade zu tragen.

Sicher weiss ich wie jeder andere, dass das, was man sieht, nicht immer dem entspricht, was man träumt. Das trifft nur auf Kunst und menschliche Werke zu. Sei es, weil meine Vorstellungskraft nicht so ausgeprägt ist, sei es, weil Gott begabter ist als ich (was immerhin möglich wäre), aber zumeist war die Natur unendlich schöner als ich es mir vorgestellt hatte. Ich kann mich nicht erinnern, sie trist gefunden zu haben, es sei denn in den Zeiten, in denen ich es selbst war.

Ich werde aber nie darüber hinwegkommen, dass

ich nicht um den Felsen herumgekommen bin. Vielleicht hätte ich dort *Amphitrite* persönlich unter einem Perlmuttgewölbe erblickt, die Stirn mit raschelnden Algen umkränzt. Stattdessen habe ich nur Felsnadeln gesehen, von Schlucht zu Schlucht aufragend wie die Stalaktiten von Höhle zu Höhle, alle in bizarren Formen und phantastischer Stellung. Über den Abgrund neigten sich Bäume mit wundersamer Kraft, sämtlich krumm und halb entwurzelt vom Wind. Aus der Tiefe des Abgrundes erhob ein anderer Berg den Gipfel in den Himmel, ein Berg aus Kristall, Diamant und Saphir. Aus beträchtlicher Höhe betrachtet, schafft das Meer bekanntlich die Illusion einer vertikalen Ebene. Erkläre das, wer will.

Meine Kinder kamen auf die Idee, Pflanzen mitzunehmen. Die schönsten Liliengewächse wuchsen an diesen Felsen. Zu dritt konnten wir schliesslich die Zwiebel einer scharlachroten *Amaryllis* herauszerren, die so schwer war, dass wir sie nicht bis zur Kartause schleppen konnten. Mein Sohn schnitt sie in Stücke, um unserem Kranken jedenfalls ein kopfgrosses Fragment dieser wunderbaren Pflanze zu zeigen. Périca, mit einem Reisigbündel beladen, das sie unterwegs gesammelt hatte und mit dem sie uns aufgrund ihrer jähen und flinken Bewegungen dauernd anstiess, führte uns zurück bis zum Dorfeingang. Ich brachte sie dazu, bis zur Kartause mitzukommen, denn ich wollte ihr ein kleines Geschenk geben. Nur mit grosser Mühe konnte ich sie überreden, es auch anzunehmen. Arme kleine Périca, du wusstest nicht und wirst es niemals erfahren, was du mir Gutes getan hast, indem du dich unter den Affen als menschliches Wesen erwiesen hast, das sanft, reizend und ohne Hintergedanken hilfsbereit war! Des Abends waren wir alle miteinander froh darüber, dass wir Valldemossa nicht verlassen mussten, ohne jedenfalls einem sympathischen Wesen begegnet zu sein.

FÜNFTES KAPITEL

Zwischen diesen beiden Spaziergängen, dem ersten und dem letzten, machten wir auf Mallorca natürlich auch noch andere. Ich möchte aber keine weiteren aus der Erinnerung abrufen, denn ich fürchte, den Leser mit meiner ständigen Begeisterung für diese rundherum schöne Natur zu langweilen, in der Landhäuser, eins malerischer als das andere, Bauernkaten und Paläste, Kirchen und Klöster verstreut lagen.

Wenn einer unserer grossen Landschaftsmaler jemals Mallorca besucht, empfehle ich ihm das Landhaus der Granja de Fortuñy mit den Zitro-nenbäumen in dem kleinen Tal, das sich vor seinen Marmorkolonnaden erstreckt, und den ganzen Weg, der dorthin führt. Aber er muss gar nicht so weit fahren, denn er geht keine zehn Schritte auf dieser verzauberten Insel, ohne auf dem Weg immer wieder stehenzubleiben, mal vor einer arabischen Zisterne im Schatten von Palmen, mal vor einem fein gemeisselten Steinkreuz aus dem 15. Jahrhundert oder am Rande eines Olivenhains.

Die Kraft und der bizarre Formenreichtum dieser uralten Nährväter Mallorcas sind unvergleichlich. Die ersten Anpflanzungen sollen nach Aussagen der Mallorquiner aus der Zeit der Besetzung ihrer Insel durch die Römer stammen. Das werde ich nicht anzweifeln, da ich das Gegenteil nicht zu beweisen wüsste, selbst wenn ich wollte, und ich muss zugeben, dass ich nicht den leisesten Wunsch dazu verspüre. Mit dem ungeheuerlichen Aussehen, dem urtümlichen Wuchs und der grimmigen Erscheinungsform dieser geheimnisvollen Bäume hätte meine Phantasie sie ohne weiteres als Zeitgenossen von Hannibal akzeptiert.

Bei abendlichen Spaziergängen in ihrem Schatten muss man sich stets aufs Neue in Erinnerung rufen, dass es Bäume sind. Traute man seinen Augen und seiner Einbildung, würde man inmitten dieser phantastischen Ungeheuer von Grauen erfasst: Die einen krümmen sich wie mächtige Drachen mit weit aufgerissenem Maul und ausgebreiteten Flügeln, die anderen verschlingen sich ineinander wie schläfrige Boas, und wieder andere umklammern sich im verbissenen Kampf zweier Riesen. Hier galoppiert ein Zentaur, der auf seiner Kruppe eine hässliche alte Vettel davonträgt; dort verschlingt ein namenloses Reptil eine zuckende Hirschkuh, etwas entfernt tanzt ein Satyr mit einem Ziegenbock, der weniger hässlicher ist als er. Und oft ist es ein einziger rissiger, knorriger, krumm verwachsener Baum, den man für eine Gruppe von zehn verschiedenen Bäumen hält. Er vereinigt in sich die verschiedensten Ungeheuer und führt sie in einem einzigen Kopf zusammen, grausig wie bei den westindischen Fetischen, den ein einzelner grüner Zweig wie ein Helmzier krönt. Wer neugierig einen Blick auf Monsieur Laurens' Kupferstiche wirft, darf ruhig glauben, dass seine Zeichnungen von Aussehen und Gestalt der Olivenbäume nicht übertrieben sind. Seine Wahl hätte auf noch aussergewöhnlichere Vorlagen fallen können. Ich hoffe, dass das amüsante *Magasin pittoresque*, das die Wunder in Kunst und Natur populärwissenschaftlich darstellt, sich einmal hierher auf den Weg macht und einige erlesene Musterbeispiele präsentiert.

Doch um die grossartige Gestalt dieser heiligen Bäume darzustellen, von denen man immer eine prophetische Stimme erklingen zu hören erwartet, und den gleissenden Himmel, vor dem sich ihre unregelmässige Silhouette so kräftig abzeichnet, braucht es nicht weniger als den kühnen und grossartigen Pinsel von Rousseau. Die klaren Wasser, in denen sich Liliengewächse und Myrten spiegeln, verlangen nach Dupré. Die von der Natur mehr geordneten Szenarien, an denen sie sich freiwachsend, doch in launischer Koketterie, klassisch und hoffärtig gebärdet, lockten den strengen Corot. Um jedoch das anbetungswürdige Wirrwarr aus einer eigenen Welt von Gräsern, Wildblumen, alten Stämmen und trauernden Girlanden rund um die geheimnisvolle Quelle wiederzugeben, in der der Storch seine langen Beine benetzt, hätte ich wie einen Zauberstab den Stichel von Huet in meiner Tasche haben mögen.

Wie oft habe ich beim Anblick eines alten mallorquinischen Cavallers auf der Schwelle seines verbli-

19 34

J'avais beau chercher dans ma mémoire par quelle faute de lèse génie j'avais pu mériter un pareil supplice, quel pouvoir j'avais encensé, quel pape ou quel roi j'avais encouragé dans son crime par mes flatteries. Je n'avais pas seulement un garçon de bureau ou un huissier de la chambre sur la conscience, pas même une révérence à un gendarme ou à un journaliste ! — Heureusement le chartreux pharmacien nous vendit du benjoin exquis, reste de la provision des parfums dont on encensait naguère dans l'église de [illegible] l'image de la Divinité, et cette émanation céleste combattit dans notre cellule les exhalaisons du huitième fossé de l'enfer.

Nous avions un mobilier splendide. Des lits de sangle neufs et sans punaises, des matelas peu moelleux, plus chers qu'à Paris, mais neufs et propres. De ces grands et excellents couvre-pieds en indienne ouatée et piqués que les Juifs vendent assez bon marché à Palma. Une dame française établie dans le pays avait eu la bonté de nous céder quelques livres de plumes, qu'elle avait fait venir de Marseille, et dont nous avions fait deux oreillers à notre malade. C'était certes un grand luxe dans un pays où les oies passent pour des êtres fantastiques et où les poulets ont des démangeaisons même en sortant de la broche. Nous possédions plusieurs tables, plusieurs chaises de paille comme celles qu'on voit dans nos chaumières de paysans, et un canapé voluptueux en bois blanc avec des coussins de toile à matelas rembourrés de crin. Le sol très inégal et très poudreux de la cellule était couvert de ces nattes valenciennes à longues pailles qui ressemblent à un gazon jauni par le soleil, et pour descentes de lit nous avions de ces belles peaux de mouton à longs poils d'une finesse et d'une blancheur admirables qu'on prépare fort bien dans le pays. Comme chez les Africains et les Orientaux, il n'y a point d'armoires dans les anciennes maisons de Majorque. On y serre ses effets dans de grands coffres de bois blanc. Nos malles de cuir jaune pouvaient passer là pour des meubles très élégants. Un grand châle tartan bariolé, qui nous avait servi de tapis de pied en voyage, devint une portière somptueuse devant l'alcôve, et mon fils orna le poêle d'une de ces charmantes urnes de grès de Felanitx, qu'on fabrique à Majorque, et dont la forme et les ornements sont de plus pur goût arabe. Ce joli vase entouré d'une guirlande de lierre arrachée à la muraille était plus satisfaisant aux yeux d'artistes que toutes les dorures de nos vases modernes. Le piano de Pleyel, arraché aux mains des douaniers après trois semaines de pourparlers et quatre cents francs de contribution, remplissait la voûte élevée et retentissante de la cellule d'un son magnifique. Enfin le sacristain avait consenti à transporter chez nous une belle chaise gothique de chêne que les rats et les vers rongeaient dans l'ancienne chapelle des chartreux, et dont le coffre nous servait de bibliothèque, en même temps que ses découpures légères et ses aiguilles effilées, projetant sur la muraille

chenen und baufälligen Palastes von Decamps geträumt, dem grossen Meister der politischen Karikatur bis hin zum historischen Gemälde, diesem genialen Menschen, der selbst Mauern Geist, Heiterkeit, Poesie, mit einem Wort Leben einhauchen konnte. Die schönen sonnenverbrannten Kinder, die als Mönche verkleidet in unserem Kloster spielten, hätten ihn in höchstem Masse belustigt. Dort hätte er Affen nach Belieben gehabt, ein paar Engel dazu, Schweine mit menschlichen Gesichtern, unter die sich nicht weniger schmutzige Cherubime gemischt haben. Périca, schön wie Galathee, schmutzig wie ein Spaniel und lachend im Sonnenschein, wie alles, was schön ist auf dieser Welt.

Aber Ihr wäret es gewesen, Eugène Delacroix, mein alter Freund und lieber Künstler, den ich des Nachts in die Berge hätte führen wollen, wenn das Mondlicht sich über die fahle Wasserflut ergossen hätte.

Das waren schöne Gefilde, in denen ich beinahe zusammen mit meinem armen vierzehnjährigen Kind ertrunken wäre. Ihm aber mangelte es nicht an Mut und mir nicht an der Erkenntnis, dass die Natur sich an diesem Abend ganz und gar romantisch, verrückt und sublim gebärdete.

Wir beide hatten Valldemossa mitten im winterlichen Regen verlassen, um mit den unbarmherzigen Zöllnern von Palma um die Herausgabe des Pleyel-Klaviers zu streiten. Des Morgens war es recht klar gewesen und die Wege benutzbar, doch während wir in der Stadt waren, öffnete der Himmel wieder seine

Schleusen. Hier beklagt man sich über den Regen, dabei kennt man ihn nicht: Unsere längsten Regenfälle dauern nicht länger als zwei Stunden; eine Wolke folgt der anderen, und dazwischen gibt es immer eine Atempause. Auf Mallorca aber liegt ständig eine geschlossene Wolkendecke über der Insel und bleibt dort bis zum letzten Tropfen. Das kann ununterbrochen 40, 50 Stunden oder auch vier und fünf Tage dauern, ohne dass der Regen nachlässt.

Gegen Sonnenuntergang bestiegen wir den *birlocho* und hofften, die Kartause in drei Stunden zu erreichen. Wir brauchten sieben und hätten beinahe mit den Fröschen am Grunde irgendeines gerade entstandenen Sees übernachtet. Der Kutscher war mörderischer Stimmung und brachte tausend Einwände vor, ehe er sich endlich auf den Weg machte: sein Pferd sei nicht beschlagen, sein Maultier lahme, seine Achse gebrochen, was weiss ich! Wir kannten die Mallorquiner inzwischen gut genug, um uns nicht ins Bockshorn jagen zu lassen, und hiessen ihn, sich auf seine Deichsel zu setzen. In den ersten Stunden zeigte er das trübsinnigste Gesicht der Welt. Er sang nicht und nahm keine unserer Zigarren an; er fluchte nicht einmal mit seinem Maultier, was ein sehr schlechtes Zeichen war; er war todunglücklich. In der Hoffnung, uns abzuschrecken, hatte er den schlechtesten der sieben ihm bekannten Wege gewählt. Da der Weg abwärts ging, stiessen wir bald auf ein Bachbett. Wir fuhren hinein, kamen aber nicht wieder hinaus. Der Wildbach hatte sich in seinem Bett unwohl gefühlt und war über den Weg geflutet. Es keinen Weg mehr, sondern statt dessen nur einen brodelnden Strom, dessen schäumende Wasser uns mit grossem Getöse entgegenschossen.

Der boshafte Kutscher hatte uns nicht so viel Mut zugetraut. Als wir immer noch auf der Weiterfahrt beharrten, verlor er seine Kaltblütigkeit und begann zu schimpfen und zu fluchen, dass der Himmel hätte einstürzen mögen. Die Wasserleitungen aus Steinquadern, die der Stadt das Quellwasser zuführten, waren zerborsten. Da das Wasser nicht wusste, wohin, hatte es sich auf dem Land ausgebreitet, erst in Pfützen, dann in Lachen, dann in Tümpeln und schliesslich das Land in einen See verwandelt. Bald wusste der Kutscher nicht mehr, welchem Heiligen er sich anempfehlen oder welchem Teufel verschreiben sollte. Er bekam nasse Füsse, was er sehr wohl verdient hatte. Wir bedauerten ihn deshalb kaum. Die Kutsche schloss sehr gut, und wir sassen noch im Trockenen; doch die Flut stieg von Sekunde zu Sekunde, wie mein Sohn zu sagen pflegt. Wir fuhren auf gut Glück, wurden fürchterlich durchgeschüttelt und sackten in Löcher, von denen das letzte immer unser Grab zu werden schien. Schliesslich hingen wir so schräg, dass das Maultier stehenblieb, wie um sich zu sammeln, bevor es den Geist aufgab: der Kutscher stieg ab und schickte sich an, die Böschung des Weges zu erklimmen, die sich etwa in Augenhöhe befand; doch er blieb stehen, als er im Licht der Dämmerung erkannte, dass diese Böschung zum Kanal von Valldemossa gehörte, der, zum Fluss geworden, sich immer wieder in Kaskaden auf unseren Weg ergoss, der selbst zum Fluss geworden war.

Jetzt gab es einen tragikomischen Moment. Ich war um mich nur wenig besorgt, aber in grosser Angst um meinen Sohn. Ich betrachtete ihn; er lachte über das Gesicht des Kutschers, der breitbeinig auf der Deichsel stand, den Abgrund abschätzte und nicht mehr die geringste Lust hatte, sich über uns lustig zu machen. Als ich meinen Sohn so gelassen und fröhlich sah, fasste ich wieder Zutrauen zu Gott. Ich spürte, dass er intuitiv um sein Schicksal wusste und verliess mich auf die Vorahnung, die die Kinder nicht ausdrücken können, die aber wie eine Wolke oder wie ein Sonnenstrahl über ihre Stirn gleitet.

Der Kutscher sah ein, dass er uns nicht unserem unglücklichen Schicksal überlassen konnte. Also schickte er sich darein, es mit uns zu teilen und wurde plötzlich heroisch. "Habt keine Angst, meine Kinder", sagte er in väterlichem Ton zu uns. Dann stiess er einen lauten Schrei aus und gab seinem Maultier die Peitsche, es strauchelte, stürzte, kam hoch, strauchelte wieder und erhob sich schliesslich halb ertrunken. Die Kutsche sank auf die eine Seite: "Weiter geht's!" und warf sich auf die andere Seite. "Und hier wieder!", krachte unheilverkündend, machte einige erstaunliche Sprünge und ging schliesslich triumphierend aus der Prüfung hervor, wie ein Schiff, das die Klippen berührt, aber nicht daran zerschellt.

Wir schienen gerettet und waren auf dem Trockenen. Doch wir mussten den Versuch einer stürmischen Seefahrt per Kutsche ungefähr ein dutzend Mal wiederholen, ehe wir die Berge erreichten.

Schliesslich waren wir an der Steigung zum Kloster. Doch hier begann das Maultier, einerseits erschöpft, andererseits verängstigt vom Getöse des Sturzbachs und des Windes in den Bergen, bis zum Abgrund zurückzuweichen. Wir stiegen aus, um jeder an einem Rad zu schieben, während der Kutscher Meister Aliboron an seinen langen Ohren zog. Ich weiss nicht mehr, wie oft wir das Ganze wiederholten. Nach zwei Stunden Anstieg, in denen wir keine halbe Meile geschafft hatten, gab das Maultier an allen Gliedern zitternd auf der Brücke auf. Da beschlossen wir, den Mann, den Wagen und das Tier sich dort selbst zu überlassen und zu Fuss zur Kartause zu marschieren.

Das war kein geringes Unterfangen. Das sonst kurze Wegstück war ein reissender Sturzbach geworden, gegen den man nur ankämpfen konnte, wenn man gut zu Fuss war. Andere kleine Sturzbäche entstanden, die tosend von den Felsen herunterstürzten, zu unserer Rechten, und wir mussten uns häufig sputen, um vor ihnen davonzukommen oder sie auf Gedeih und Verderb durchwaten, denn sie konnten im nächsten Moment unpassierbar werden. Es goss in Strömen. Grosse Wolken, schwärzer als Tinte, verdeckten immer wieder das Gesicht des Mondes. Dann mussten wir, eingehüllt in graue, undurchdringliche Finsternis und gebeugt unter dem heftigen Wind, wo wir spürten, dass die Wipfel der Bäume sich bis zu unseren Köpfen neigten, wo wir die Pinien krachen und die Steine um uns kollern hörten, stehenbleiben, um, wie es ein spöttischer Dichter formulierte, darauf zu warten, dass Jupiter die Kerze geschneuzt hätte.

In diesem Wechselspiel von Schatten und Licht hättet Ihr, Eugène, sehen können, wie Himmel und Erde sich ein ums andere Mal verfinsterten und wieder erhellten, mit unheimlichen und seltsamen Lichtreflexen und Schatten. Wenn der Mond wieder voll hervorkam und an einem azurblauen, vom Wind schnell freigefegten Fleckchen herrschen wollte, kamen dunkle Wolken gleich gierigen Geistern, um ihn in die Falten ihrer Leichentücher zu wickeln. Sie flogen über ihn hin und rissen zeitweise auf, um ihn uns in seiner Schönheit und Hilfsbereitschaft zu zeigen. Dann gaben uns der von Sturzbächen triefende Berg und die durch das Unwetter entwurzelten Bäume eine Vorstellung vom Chaos. Wir dachten an diesen schönen Sabbat, den Sie in einem Ihrer Träume gesehen und aufs Papier mit einem Pinsel gebracht haben, der in Fluten Rot und Blau des Flegeton und des Erebo getränkt war. Und kaum hatten wir dieses höllische Bild betrachtet, was da vor uns Wirklichkeit geworden war, als der Mond, von den Ungeheuern der Lüfte verschlungen, verschwand und uns in der bläulichen Vorhölle zurückliess, in der wir wie Wolken zu treiben schienen, denn wir konnten kaum den Boden erkennen, auf dem wir unsere Füsse riskierten.

Schliesslich erreichten wir das gepflasterte Stück am letzten Berg und waren ausser Gefahr, weil wir aus dem Wasserlauf herauskamen. Wir waren todmüde und barfuss oder zumindest beinahe; wir hatten drei Stunden für diese letzte Meile gebraucht.

Doch die schönen Tage kamen wieder, und der

mallorquinische Dampfer konnte seine wöchentlichen Fahrten nach Barcelona wieder aufnehmen. Der Zustand unseres Kranken schien eine Überfahrt nicht zuzulassen, aber ebensowenig eine weitere Woche auf Mallorca. Die Lage war beängstigend; es gab Tage, an denen ich alle Hoffnung und allen Mut verlor. Um uns zu trösten, führten Maria Antonia und ihre Stammgäste im Chor in Hörweite die erbaulichsten Reden über sein zukünftiges Leben. "Dieser Schwindsüchtige," sagten sie, "wird in der Hölle landen, zum ersten, weil er schwindsüchtig ist, zum anderen weil er nicht zur Beichte geht." "Dann werden wir ihn auch nicht in geweihter Erde begraben, wenn er gestorben ist, und niemand wird ihn bestatten wollen, seine Freunde sollen zuschauen, wie sie damit zurechtkommen. Man wird sehen müssen, wie sie sich da herausziehen; ich werde mich nicht einmischen." "Ich auch nicht." "Ich auch nicht: und Amen!"

Endlich konnten wir abreisen, und ich habe schon erzählt, in welcher Gesellschaft wir reisten und welche Gastfreundschaft man uns auf dem mallorquinischen Schiff erwies.

Als wir in Barcelona anlangten, hatten wir es derart eilig, ein für alle Mal mit dieser unmenschlichen Rasse Schluss zu machen, dass ich nicht die Geduld hatte, das Ende des Entladens abzuwarten. Ich schrieb Monsieur Belvès, dem Kommandanten des Flottenpostens, ein Briefchen und schickte es ihm per Boot. Daraufhin holte er uns unverzüglich mit seinem Beiboot ab, und wir begaben uns an Bord der *Méléagre*.

Als wir den Fuss auf dieses schöne Kriegsschiff setzten, das sauber und elegant war wie ein Salon, als wir uns von intelligenten und liebenswürdigen Gesichtern umgeben sahen, als wir die grosszügigen und beflissenen Aufmerksamkeiten des Kommandanten, des Arztes, der Offiziere und der ganzen Mannschaft entgegennahmen, und nachdem wir dem hervorragenden und geistreichen Konsul von Frankreich, Monsieur Gautier d'Arc, die Hand geschüttelt hatten, machten wir Freudensprünge auf der Brücke und brüllten aus vollem Herzen: *"Vive la France!"* Es kam uns vor, als hätten wir eine Weltreise gemacht und seien von den Wilden Polynesiens in die zivilisierte Welt zurückgekehrt.

Und die vielleicht kindische, doch aufrichtige Moral dieser Erzählung ist, dass der Mensch nicht dafür geschaffen ist, mit den Bäumen, den Steinen, dem reinen Himmel, dem blauen Meer, mit den Blumen und den Bergen zu leben, sondern eben mit den Menschen, mit seinesgleichen.

In den stürmischen Tagen der Jugend hält man die Einsamkeit für eine sichere Zuflucht vor Verletzungen, für das beste Pflaster auf die Wunden des Kampfes. Das ist ein schwerer Irrtum, und die Lebenserfahrung lehrt uns, dass dort, wo man nicht in Frieden mit seinesgleichen leben kann, keine Bewunderung für Poesie und kein Kunstgenuss imstande ist, den Abgrund zu überbrücken, der sich im Grunde der Seele auftut.

Ich habe immer von einem Leben in der Einsamkeit geträumt, und jeder aufrichtige Mensch wird zugeben, dass er dieselbe Vorstellung hatte. Aber glaubt mir, meine Freunde, unser Herz bedarf zu sehr der Liebe, als dass man nur aneinander vorbeilaufen kann. Das Beste, was wir tun können, ist, uns gegenseitig zu helfen; denn wir sind wie die Kinder aus gleichem Schoss, die sich necken, sich streiten, sich sogar prügeln und doch nicht voneinander lassen können.

ENDE

Verzeichnis der Bildtafeln

nach Seite 24 1. Frédéric Chopin
Ölgemälde von Ary Scheffer
2. George Sand
Ölgemälde von Auguste Charpentier

nach Seite 48 3. Voyage a Majorque
Die Erstausgabe des Reiseberichts von George Sand
4. Sommerliche Ansicht der Türme der *Cartuja*
5. Die *Cartuja* von Valldemossa im Winter
6. Blick von Valldemossa nach Palma und auf das Meer

nach Seite 72 7. Mallorquinerin in Sonntagstracht
Zeitgenössischer, kolorierter Kupferstich
8. Die Büste und das Pleyel-Piano, auf dem Chopin komponierte
9. Briefe Chopins wegen der Lieferung des Pleyel-Pianos
10. *La Seu* - die Kathedrale von Palma
Zeitgenössischer Kupferstich von Erzherzog Ludwig Salvator

nach Seite 96 11. Die Apotheke im Kloster mit wertvollen Fayencen

12. Bauernpaar in mallorquinischer Tracht. Zeitgenössischer Kupferstich
13. Frugal: Das legendäre *Pa amb oli*, Bauernbrot mit Olivenöl und Salz
14. Pittoresk: Tausendjährige Olivenbäume bei Valldemossa

nach Seite 120 15. Die Kirche, Valldemossa und die *Cartuja* im Abendlicht
16. So anspruchslos lebte einst ein Kartäusermönch
17. Bauern auf ihrer Finca Zeitgenössischer Kupferstich von Erzherzog Ludwig Salvator
18. Gedenktafel der Chopin-Gesellschaft in der *Cartuja* von Valldemossa und das umstrittene mallorquinische Piano

nach Seite 144 19. Das Pleyel-Piano und die Tasten, die Chopin zum Leben erweckte
20. Zwei Autographen von Chopins mallorquinischen Kompositionen
21. Blick in den schattigen Garten der Mönchzelle *Celda 4*
22. Der Kirchturm der Cartuja mit dem blauen Majolikaschmuck

nach Seite 168 23. Der Kirchturm der *Cartuja* im Winter
24. Mädchen in mallorquinischer Tracht. Zeitgenössischer Kupferstich
nach Seite 192 25. Waldwege auf denen schon Chopin und Sand wanderten
26. Und die Urenkel der mallorquinischen Ziegen, die ihnen begegneten
nach Seite 216 27. Der Puig Galatzo
28. Das *Castell Bellver*, "schöne Aussicht" hoch über Palma
29. Die *Banys Arabs*, die "arabischen Bäder", Mallorcas einzige Relikte aus der Maurenzeit
30. Der Zauber des unterirdischen Mallorcas
nach Seite 264 31. Rei Jaume I., das Reiterstandbild des legendären Königs
32. Eine Seite aus dem Manuskript für *"Ein Winter auf Mallorca"* von George Sand